오십에 읽는
명상록

오십에 읽는
명상록

초판   1쇄 발행 2025년 8월 25일

지은이   장대은
펴낸이   한승수
펴낸곳   문예춘추사

편집   이상실 구본영
디자인   송민기 박소윤
마케팅   박건원 김홍주

등록번호 제300-1994-16
등록일자 1994년 1월 24일

주소   서울시 마포구 동교로27길 53, 지남빌딩 309호
전화   02-338-0084
팩스   02-338-0087
이메일   moonchusa@naver.com

ISBN   978-89-7604-748-9   03160

* 이 책에 대한 번역·출판·판매 등의 모든 권한은 문예춘추사에 있습니다.
  간단한 서평을 제외하고는 문예춘추사의 서면 허락 없이 이 책의 내용을
  인용·촬영·녹음·재편집하거나 전자문서 등으로 변환할 수 없습니다.
* 책값은 뒤표지에 있습니다.
* 잘못된 책은 구입처에서 교환해 드립니다.

오십에 읽는 명상록

인생 전환기에 만나는 2000년 현자의 지혜

장대은 지음

**지금에 충실하고,
삶을 스스로 선택하라!**

삶의 방향을 잡아주는
마르쿠스 아우렐리우스의 조언 48

문예춘추사

차례

프롤로그 당신의 새로운 시작을 응원하며 8

마음가짐과 자기 성찰

내면의 토대 다지기

1 **삶의 목적을 묻다** 오십, 무엇을 위해 사는가 14
2 **마음의 평정을 찾다** 통제할 수 없는 것은 받아들여라 19
3 **한계를 구분하다** 자신의 한계 인정하기 24
4 **죽음을 생각하다** 메멘토 모리 여정 살아가기 30
5 **자아를 성찰하다** 나 자신과 대화하는 시간 35
6 **집중력을 키우다** 업무와 일상에서의 생산적 몰입 40
7 **어려움을 수용하다** 평정심 연습 46
8 **감사를 실천하다** 감사와 함께 하루 시작하기 52

일과 성공의 철학

직장 생활과 목표 설정

- 9 일의 의미를 찾다 일에 쫓기지 말고 일의 주인이 되라 58
- 10 가치를 발견하다 소명의식 갖고 일하기 63
- 11 성장을 선택하다 완벽보다는 최선을 추구하라 67
- 12 판단력을 기르다 현명한 결정의 기술 72
- 13 내면을 가꾸다 커리어보다 인격을 쌓아라 78
- 14 습관을 만들다 작은 습관이 큰 변화를 만든다 83
- 15 균형을 지키다 일과 삶의 균형 잡기 88
- 16 과정을 믿다 성과에 연연하지 말고 과정에 충실하라 93

인간관계와 공동체

함께 성장하는 법

- 17 포용을 배우다 모두가 실수한다, 관대하라 100
- 18 이해를 넓히다 경청하고 공감하기 105
- 19 감정을 다스리다 분노는 잠시 미뤄라 110
- 20 신뢰를 쌓다 말보다 행동으로 신뢰 얻기 115
- 21 거리를 두다 유독한 인간관계 단절하기 120
- 22 사랑을 실천하다 가족에게도 철학이 필요하다 125
- 23 웃음을 나누다 함께 웃을 수 있는 유머 130
- 24 봉사를 시작하다 사회에 기여하며 살아가기 135

역경 극복과 내면의 힘

실패와 실망 다루기

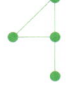

25 **성장을 받아들이다** 시련을 받아들이는 용기 142

26 **책임을 지다** 상황을 탓하지 말라 147

27 **교훈을 얻다** 실패에서 배우는 법 152

28 **회복을 연습하다** 마음의 탄력성 키우기 157

29 **자신을 믿다** 비교는 독, 나만의 길을 가라 162

30 **마음을 다스리다** 힘든 감정 통제하기 167

31 **고독을 즐기다** 고독을 두려워하지 않기 172

32 **건강을 지키다** 몸과 마음의 균형 회복 177

일상의 지혜와 영원한 가치

내면의 나침반 세우기

33 **정념을 다스리다** 감정의 지배 넘어서기 184

34 **깨달음을 구하다** 내면의 진리 탐색하기 189

35 **단순함을 추구하다** 복잡함 속의 본질 찾기 194

36 **진정성을 지키다** 가면을 벗고 참된 자아 살기 200

37 **디지털을 다스리다** 정보 과잉 시대의 평정심 유지하기 206

38 **자연과 교감하다** 우주 질서 속에서 자아 찾기 212

39 **노년을 준비하다** 시간과 유한성에 대한 성찰 218

40 **영원함을 생각하다** 유한한 삶에서 무한한 의미 찾기 224

변화와 성장

새로운 시작을 위하여

41 **도전을 시작하다** 변화는 두려운 것이 아니다 232

42 **변화를 선택하다** 낡은 습관 버리기 238

43 **배움을 이어가다** 지속적으로 배우고 호기심 유지하기 244

44 **신념을 세우다** 나만의 철학을 가져라 249

45 **미래를 그리다** 미래의 '나' 그려보기 255

46 **인생을 설계하다** 주도적인 인생 설계 260

47 **행동을 시작하다** 오늘, 한 걸음 내딛기 265

48 **현재를 살아가다** 지금 이 순간을 살아라 271

에필로그 "답은 당신 안에 있습니다" 277

프롤로그

당신의 새로운 시작을
응원하며

인생 여정에서 '오십'이라는 나이는 참 묘한 시기입니다. 아직 젊다고 하기엔 조금 무겁고, 늙었다고 하기엔 너무 이릅니다. 달리는 기차의 반환점을 돈 것 같은데, 목적지가 어디였는지는 잊은 듯합니다.

어느 늦은 퇴근길, 당신은 문득 거울 속 자신과 마주칩니다. 흐르는 시간만큼이나 깊어진 눈가의 주름, 하루하루 버티기 바빴던 일상 속에서 어느새 흐려진 꿈과 열정. 그리고 떠오르는 질문들. "나는 지금 제대로 가고 있는 걸까?", "이렇게 살아도 괜찮은 걸까?", "앞으로 어떻게 살아야 할까?"

오십이라는 나이는 인생의 전환점이자 새로운 시작점이 될 수 있습니다. 충분한 경험과 지혜를 갖추었으면서도 아직 많은 가능성이 열려 있는 시기입니다. 하지만 동시에 가장 무거운 책임과 부담을 져야 하는 때이기도 합니다. 직장에서는 중간 관리자로서의 압박이, 가정에서는 자녀 교육과 노부모 부양의 책임이, 사회에서는 늘어나는 역할과 기대가 우리를 짓누릅니다.

이런 시대를 살아가는 우리에게 2000년 전 한 현자의 목소리가 들려옵니다. 로마 제국의 황제 마르쿠스 아우렐리우스. 그는 세상에서 가장 강력한 권력을 가진 자리에 있으면서도, 매일 밤 자신과의 대화를 기록했습니다. 전쟁과 역병, 반란과 배신으로 얼룩진 시대를 살면서도 그는 결코 내면의 평정을 잃지 않았습니다. 그의《명상록》에 담긴 지혜는, 불확실성과 변화의 소용돌이 속을 살아가는 현대인들에게 놀라운 통찰을 제공합니다.

이 책에서 당신은 48명의 동시대인을 만나게 될 것입니다.

치열한 경쟁 속에서 승진을 고민하는 회사원
일과 가정 사이에서 균형을 찾으려 노력하는 워킹맘
새로운 도전을 앞두고 망설이는 예비 창업자
관계의 어려움 속에서 고민하는 중간관리자

각자의 자리에서 방황하고 실수하고 다시 일어서는 그들 이야기는, 어쩌면 지금 이 순간 당신의 이야기일지도 모릅니다. 우리 일상의 이야기를 삽화처럼 일면만 다루었지만, 마르쿠스 아우렐리우스가 전하는 지혜의 아포리즘을 이해하고 삶에 적용하는 일에는 부족함이 없을 겁니다.

그들은 아우렐리우스 철학을 통해 자신을 돌아보고, 한 걸음씩 변화해가는 과정에서 새로운 희망을 발견해내는 오늘 우리의 자화상입니다.

여러분! 완벽하지 않아도 괜찮습니다. 천천히 가도 좋습니다. 중요한 것은 지금 이 순간 첫걸음을 내딛는 용기입니다.

다시 강조하지만, 이 책은 단순한 철학서가 아닙니다. 내면의 동기부여만을 목표로 하지 않습니다. 매 장마다 제시되는 체크리스트는 당신의 현재를 진단하고, 하루 실천법은 작은 변화의 시작점이 되며, 성찰 질문들은 더 깊은 통찰로 이끄는 나침반이 될 것입니다. 이 책은 추상적인 개념에 머무르지 않고, 당신의 오늘이 구체적인 일상의 변화로 이어지도록 돕는 실천적 지침서입니다.

여기서 당신은 일과 삶의 균형을 찾는 법을 배우고, 인간관계의 지혜를 익히며, 불안과 스트레스 속에서도 내면의 평정을 유지하는 방법을 발견하게 될 것입니다. 무엇보다 이 책은 자신을 더 깊이 이해하고, 진정으로 원하는 삶의 방향을 찾아가는 여정이 될 것입니다.

마르쿠스 아우렐리우스는 말했습니다.
"인생은 우리가 선택한 태도의 결과다."

지금 이 순간, 당신은 어떤 선택을 하시겠습니까? 과거의 후회나 미래의 불안에 갇혀 있을 것인가, 아니면 지금 이 순간부터 새로운 변화를 시작할 것인가. 그 선택은 당신의 몫입니다.

이 책은 당신의 용기 있는 선택을 응원합니다. 48명의 이야기 속에서 당신은 위로와 공감을 얻고, 고대 철학자의 지혜 속에서 현대를 살아가는 힘을 발견하며, 구체적인 실천법을 통해 실제적인 변화의 발걸음을 내딛게 될 것입니다.

인생의 전반전이 끝나고 후반전이 시작되는 이 순간, 당신의 새로운 여정에 이 책이 작은 등불이 되기를 바랍니다. 함께 걸어갑시다. 지금, 여기에서부터. 당신의 새로운 시작을 응원합니다.

Meditation

"지금 없는 것을 갖고자 애태우기보다, 이미 가진
축복들을 헤아려보라. 만약 그것들이 없었더라면
네가 얼마나 그것들을 갈망했을지 생각해보라."

一명상록 7장 27절

마음가짐과 자기 성찰

내면의 토대 다지기

삶의 목적을 묻다
오십, 무엇을 위해 사는가

"모든 인간의 생명은 영원하지 않으며 그것마저도 끝나가고 있다. 그런데도 너는 스스로를 존중하지 않고, 남의 영혼에 네 행복을 의탁하고 있다."

―명상록 2장 6절

회사의 중간 관리자가 된 오십의 형동은 출근길 지하철에서 문득 깊은 허탈감을 느꼈습니다. 젊은 시절부터 쉼 없이 달려왔지만, 정작 "나는 무엇을 위해 이렇게 살고 있는가?"라는 질문에 선뜻 답할 수 없었기 때문입니다. 승진과 연봉 인상을 위해 밤낮없이 일했고, 남들이 부러워할 만한 아파트도 장만했습니다. 하지만 이런 외적인 성취 이면에는 공허함이 자리 잡고 있었습니다.

이런 고민은 형동만의 것이 아닙니다. 많은 50대들이 비슷한 실존적 위기를 겪습니다. 청년기의 불타는 야망은 사그라들었지만 은퇴

하기엔 아직 이른, 그래서 더욱 방황하기 쉬운 시기입니다. 하지만 이런 위기는 오히려 기회가 될 수 있습니다. 마르쿠스 아우렐리우스는 로마 제국의 황제로서 엄청난 권력과 부를 가졌음에도, 끊임없이 자신의 삶의 의미를 성찰했습니다. 그는 진정한 행복이 외적 성취가 아닌, 자신의 본질적 가치를 실현하는 데 있다고 보았습니다.

> "신들이 그동안 네게 무수히 많은 기회들을 주었는데도 너는 그 기회를 한 번도 받아들이지 않고 얼마나 오랫동안 이런 일들을 미루어왔는지를 기억해보라. 이제 우주의 본질과 네 자신의 본성을 깨닫고, 네게 주어진 시간의 한계를 인식하여 더 이상 지체하지 말라."
>
> ―명상록 2장 4절

현대를 사는 우리에게 이 가르침은 더욱 절실합니다. 끊임없는 경쟁과 성과 압박 속에서, 우리는 너무 쉽게 자신의 진정한 모습을 잃어버립니다. 회사에서는 매출 목표를, 가정에서는 자녀 교육을, 사회적으로는 체면을 신경 쓰느라 정작 '나는 무엇을 원하는가?'라는 근본적인 질문을 미뤄둡니다.

하지만 50대는 이런 질문을 던지기에 가장 적절한 시기일 수 있습니다. 이제 우리는 충분한 경험과 지혜를 갖추었고, 동시에 새로운 도전을 시작하기에도 늦지 않았습니다. 삶의 목적을 찾는다는 것은 거창한 것이 아닐 수 있습니다. 어쩌면 그것은 매일 아침 조금 더 일찍 일어나 가족과 함께하는 식사일 수도 있고, 주말마다 조금씩 시간을 내어 배우고 싶었던 악기를 연습하는 것일 수도 있습니다.

마르쿠스 아우렐리우스는 "인생이란 순간의 연속이며, 지금 이 순간 충실한 것만이 참된 삶이다"라고 했습니다. 우리도 하루하루를 의미 있게 만들어가는 작은 선택들을 통해, 점차 우리만의 삶의 목적을 발견할 수 있습니다. 그 과정에서 중요한 것은 남들의 기준이나 사회적 압박에서 벗어나, 진정으로 나를 행복하게 하는 것이 무엇인지 내면의 소리에 귀 기울이는 것입니다.

> "어떠한 행위도 뚜렷한 목적 없이 아무렇게나 해서는 안 된다. 그 일을 수행하는 데 꼭 필요한 원리와 원칙을 무시해서도 안 된다."
>
> —명상록 4장 2절

체크리스트

◇ 지금 하는 일이 내가 중요하게 여기는 가치와 연결되어 있는가?

◇ 일과 삶의 균형은 적절히 잡혀 있는가?

◇ 하루 중 진정한 '나'로 존재하는 시간은 얼마나 되는가?

◇ 내 삶의 방향을 스스로 결정하고 있는가, 아니면 외부 기대에 따라 살고 있는가?

◇ 5년 후의 내 모습을 구체적으로 그려볼 수 있는가?

하루 실천법

오늘 저녁, 30분만 시간을 내어 아래 작업을 해보세요.

종이를 세로로 반으로 나눕니다.

왼쪽에는 '내가 진정으로 원하는 것',

오른쪽에는 '남들이 기대하는 것'을 적어봅니다.

각 항목을 비교하며 어떤 차이가 있는지 살펴봅니다.

내일부터 실천할 수 있는 작은 변화 하나를 선택합니다.

성찰 질문

- 만약 실패의 두려움이 전혀 없다면, 나는 지금 무엇을 하고 싶은가?
- 내 인생에서 가장 행복했던 순간들의 공통점은 무엇인가?
- 5년 후의 나에게 지금의 내가 해줄 수 있는 가장 중요한 선물은 무엇일까?

마음의 평정을 찾다
통제할 수 없는 것은 받아들여라

2

"어떤 외부 요인 때문에 괴로워한다면, 그 고통은 그것 자체가 아니라 그것에 대한 너의 판단 때문에 비롯된 것이다. 그리고 네겐 지금 당장 그 판단을 버릴 힘이 있다."

— 명상록 8장 47절

디지털 시대를 사는 우리는 지금 그 어느 때보다 많은 불확실성과 불안에 노출되어 있습니다. 스마트폰으로 전 세계 소식이 실시간으로 전해지고, SNS를 통해 타인의 삶이 끊임없이 비교 대상이 되며, 인공지능과 자동화로 일자리 위협까지 발생하는 현재. 우리의 불안은 끝없이 확장되고 있습니다.

50대 중간관리자 민수는 최근 회사의 구조조정 소문에 잠을 이루지 못했습니다. 20년 가까이 몸담은 회사였지만, 글로벌 경제 위기와 인공지능 시대, 산업 구조 변화 속에서 그의 자리는 더 이상 안전하지 않아 보였습니다. 밤새 여러 시나리오를 그려보지만, 그것은 오히려 불안만 키웠고 일상의 균형을 무너뜨렸습니다.

현대 심리학에서는 이러한 상태를 '통제 강박'이라고 부릅니다. 불확실성을 견디지 못해 모든 것을 통제하려 하지만, 그럴수록 더 큰 스트레스와 불안이 찾아오는 악순환이 반복되는 것이죠. 여기서 2000년 전 스토아 철학자들의 지혜가 우리에게 새로운 관점을 제시합니다.

스토아 철학자들은 세상의 모든 일을 명확하게 두 가지로 구분했습니다. 우리가 통제할 수 있는 것과 없는 것입니다. 그들은 특히 통제할 수 없는 것들에 대해 불필요한 에너지를 쏟지 말라고 조언합니다. 대신 우리가 통제할 수 있는 것, 우리의 생각, 판단, 행동, 태도에 집중하라고 말합니다.

마르쿠스 아우렐리우스의 삶은 이 철학의 실천을 잘 보여줍니다. 그는 로마 제국의 황제로서 상상하기 힘든 수많은 위기를 겪었습니다. 전쟁과 역병으로 제국이 흔들렸고, 정치적 음모가 끊이지 않았으며, 심지어 가장 신뢰했던 측근의 배신까지 경험했습니다. 하지만 그는 이런 외부 상황에 휘둘리지 않고 놀라운 내면의 평정을 유지했습니다.

"외부에 있는 사물 그 자체는 영혼과 조금도 접

> 촉할 수 없다. 영혼의 동요는 오로지 우리 내면의 관념에서 생겨난다."
>
> —명상록 4장 3절

그의 비결은 통제할 수 없는 것들을 담담히 받아들이는 데 있었습니다. 그는 일기에 이렇게 썼습니다. "우리가 통제할 수 있는 것은 오직 우리의 생각과 행동뿐이다. 나머지는 운명의 영역이니, 그것을 받아들이는 것이 현명한 자의 태도다." 이는 단순한 체념이 아닙니다. 오히려 한정된 에너지를 가장 효과적으로 사용하는 지혜입니다.

현대 심리학의 '수용전념치료(ACT)'도 이와 비슷한 관점을 제시합니다. 불편한 감정이나 통제 불가능한 상황을 억지로 바꾸려 하지 말고, 있는 그대로 받아들이면서 자신이 할 수 있는 가치 있는 행동에 집중하라는 것입니다. 연구에 따르면, 이러한 접근법은 불안과 스트레스를 현저히 감소시키는 것으로 나타났습니다.

이러한 지혜는 우리 일상의 모든 영역에 적용될 수 있습니다. 직장에서는 회사의 큰 결정이나 시장 상황 대신, 우리의 업무 능력 향상과 인간관계 구축에 집중할 수 있습니다. 자녀 교육에서도 입시 제도나 사회 변화를 걱정하기보다, 부모로서 지금 할 수 있는 정서적 지원과 대화에 에너지를 쏟을 수 있죠.

더 나아가 이는 개인의 성장과 행복에도 직접적인 영향을 미칩니다. 남들의 시선이나 평가 같은 통제 불가능한 요소에서 벗어나, 자신의 가치와 원칙에 따라 살아갈 때 진정한 자유를 경험할 수 있습니다. 마르쿠스 아우렐리우스가 말했듯이, "다른 이들의 영혼을 통제할 수는 없지만, 자신의 영혼만큼은 자유롭게 할 수 있다"는 것입니다.

> "운명이 우리에게 내리는 일들을 마치 의사의 처방으로 여기고 기꺼이 받아들이라. 설령 그 처방 중 마음에 들지 않는 것이 있어도 건강을 위해 기꺼이 받아들이듯이, 일어나는 일이 불쾌하고 마음에 들지 않더라도 항상 기쁘게 받아들여야 한다."
>
> —명상록 5장 8절

체크리스트

◇ 내가 현재 걱정하는 일들을 목록으로 만들어 통제 가능한 것과 불가능한 것으로 분류해보았는가?

◇ 통제할 수 없는 상황에 대해 과도한 시간과 에너지를 쏟고 있지는 않은가?

◇ 내가 통제할 수 있는 영역(행동, 태도, 준비)에 충분히 집중하고 있는가?

◇ 불확실성을 받아들이고 그 속에서도 평정을 유지하는 연습을 하고 있는가?

하루 실천법

오늘부터 '걱정 일기' 작성을 시작해보세요. 노트를 둘로 나누어 한쪽에는 내가 통제할 수 있는 것들을, 다른 쪽에는 통제할 수 없는 것들을 적습니다. 통제 불가능한 항목이 떠오를 때마다 깊게 숨을 들이마시고 "이건 내 영역이 아니야"라고 세 번 반복해서 말해보세요. 그리고 통제 가능한 항목에 대해 구체적인 행동 계획을 세워봅니다.

성찰 질문

- 나는 왜 통제할 수 없는 것들에 그토록 집착하는가?
- 만약 모든 불확실성을 받아들인다면, 내 삶은 어떻게 달라질까?
- 오늘 하루, 내가 진정으로 통제할 수 있는 것은 무엇이며, 그것에 얼마나 집중했는가?

한계를 구분하다
자신의 한계 인정하기

3

"우리에게 본성의 힘으로 견뎌내지 못할 일은 결코 일어나지 않는다."

―명상록 5장 18절

현대 사회는 끊임없이 '완벽함'을 요구합니다. SNS에는 완벽한 삶을 살아가는 듯한 이미지들이 넘쳐나고, 직장에서는 무한 경쟁 속에서 실수가 용납되지 않으며, 부모로서도 완벽한 양육이 강요됩니다. 이런 분위기 속에서 우리는 자신의 한계를 인정하는 것을 실패로 여기곤 합니다.

대기업 마케팅 팀장인 은실은 철저한 완벽주의자로, 업무에서는 물론 가정에서도 모든 것을 완벽하게 통제하려 했습니다. 프로젝트에선 늘 최고의 결과물을 내야 했고, 아이들 교육도 빈틈없이 관리하려 했으며, 가족 행사 하나까지도 완벽하게 준비해야 직성이 풀렸습니다.

하지만 현실은 늘 그녀의 기대와 달랐습니다. 팀원들은 실수를 했고, 아이들은 그녀의 계획대로 움직이지 않았으며, 예상치 못한 변수들이 끊임없이 발생했습니다. 매번 자신의 기준에 미치지 못하는 결과를 마주할 때마다 은실은 극심한 스트레스와 자책에 시달렸습니다.

이런 상황은 현대인들이 흔히 겪는 '완벽주의의 덫'을 보여줍니다. 상담 전문가들은 이러한 경직된 사고방식이 오히려 성과를 저해하고 정신건강을 해칠 수 있다고 경고합니다. 완벽을 추구하는 과정에서 우리는 종종 현실적인 한계를 무시하고, 불가능한 기준을 설정하며, 결국 번아웃에 이르게 됩니다.

> "다른 사람이 무슨 생각을 하는지는 신경 쓰지 않아도 불행해지지 않는다. 그러나 자신의 마음 움직임을 살피지 않는 사람은 반드시 불행해진다."
>
> ―명상록 2장 8절

마르쿠스 아우렐리우스는 이미 2000년 전에 이러한 인간의 한계를 깊이 이해했습니다. 로마 제국의 황제로서 그는 엄청난 권력을 가졌지만, 동시에 인간으로서의 한계도 명확히 인식했습니다. 그의 《명상록》에는 이러한 통찰이 자주 등장합니다. "완벽한 통제란 불가능하다. 우리가 할 수 있는 것은 우리의 태도를 선택하는 것뿐이다."

심리학자 크리스틴 네프는 자신의 한계와 불완전함을 인정하는 것이 중요하다고 밝혔습니다. 그녀는 연구를 통해 자기 친절과 수용의 중요성을 명확하게 설명했습니다. 한계와 부족함을 받아들이면 오히려 성장이 촉진된다는 사실도 입증했습니다. 자신을 너무 몰아붙이는 대신, 따뜻한 이해와 수용의 태도, 자기자비심(Self-Compassion)을 가질 때 우리는 더 유연하게 도전하고 실패로부터 배울 수 있게 됩니다.

실제로 많은 성공한 리더들은 자신의 한계를 정확히 알고 있습니다. 그들은 모든 것을 완벽하게 하려 하지 않습니다. 대신 자신의 강점에 집중하고, 부족한 부분은 팀원들 도움을 받거나 외부 자원을 활용합니다. 이것이 바로 진정한 리더십의 모습입니다.

> "네게 네 마음을 다스릴 힘은 있지만, 외부의 일들은 네 뜻대로 할 수 없다.
> 이 사실을 깨달으면 힘을 얻을 것이다."
>
> ─명상록 5장 16절

한계를 인정한다는 것은 포기나 체념이 아닙니다. 오히려 더 현명한 선택과 효율적인 자원 활용을 가능하게 합니다. 예를 들어, 하루 24시간이라는 시간의 한계를 인정하면 우리는 더 현명하게 우선순위를 정할 수 있습니다. 모든 사람을 만족시킬 수 없다는 것을 받아들이면, 정작 중요한 관계에 더 집중할 수 있게 됩니다.

체크리스트

◇ 최근 3개월간 나 자신을 너무 몰아붙여 지친 적이 있는가? 구체적으로 어떤 상황이었는지 떠올려보자.

◇ 가정과 직장에서 '반드시 이것만큼은 완벽해야 한다'고 고집하는 영역이 있는가? 그리고 그것은 정말 완벽해야만 하는가?

◇ 다른 사람의 실수나 실패를 대할 때와 나 자신의 실수를 대할 때, 그 태도의 차이는 얼마나 되는가?

◇ 나의 강점과 약점을 정확히 파악하고 있는가? 약점을 보완하기 위해 동료나 가족의 도움을 적절히 요청하고 있는가?

◇ 하루 일과 중 틈틈이 '이건 내가 어쩔 수 없는 일이야'라고 솔직히 인정하는 연습을 하고 있는가?

하루 실천법

오늘 하루는 '완벽하지 않아도 괜찮아'의 날로 정하고 아래 실천을 해보세요.

- 아침에 일어나자마자 거울을 보며 "나는 불완전하지만 그래도 괜찮아"라고 세 번 말하기
- 업무나 집안일 중 평소 깐깐하게 체크하던 것 하나를 골라 80% 선에서 완료하기로 마음먹기
- 저녁에 일기를 쓰며 오늘 내가 인정한 한계와 그로 인해 절약된 에너지로 할 수 있었던 다른 일들을 기록하기
- 특히 그 과정에서 느낀 해방감이나 편안함도 함께 메모해두기

성찰 질문

- 완벽해야 한다는 강박은 어디서 왔을까? 부모님의 기대? 사회적 압박? 아니면 나 자신의 두려움?
- 내가 실수나 실패를 두려워하는 진짜 이유는 무엇일까? 상상해본 최악의 상황, 정말 그것은 내가 감당할 수 없는 일일까?
- 만약 내가 가장 사랑하는 사람이 나와 같은 상황이라면, 나는 그에게 뭐라고 말해줄 것인가?
- 지난 한 달간 나의 한계를 인정하고 받아들였던 순간이 있었다면, 그때 느낀 감정은 어떠했는가?
- 5년 뒤, 지금의 완벽주의적 태도를 유지한다면 나는 어떤 모습일까? 반대로 적절한 한계를 인정하며 산다면 어떤 모습일까?

죽음을 생각하다
메멘토 모리 여정 살아가기

4

> "마치 천년만년 살 것처럼 행동하지 마라. 죽음은 지척에 있다. 살아 있는 동안, 할 수 있는 동안 선한 사람이 되라."
>
> ─명상록 4장 17절

대형 IT 기업 임원인 민석은 주말 등산 중 우연히 만난 고등학교 동창과 이야기를 나누다가 충격적인 소식을 들었습니다. 같은 반이었던 친구가 갑작스러운 심장마비로 세상을 떠났다는 것이었죠. 50대 중반, 아직 젊다고 생각한 나이였습니다. 그날 이후 민석의 삶은 미묘하게 달라지기 시작했습니다. '나중에 하지'라는 말을 입에 달고 살았던 그는, 이제 '지금 해야지'라고 생각하게 되었습니다.

죽음은 우리 모두에게 피할 수 없는 진실이지만, 현대 사회는 이를 외면하거나 터부시하는 경향이 있습니다. 장례식은 점점 간소화되고, 죽음에 관한 대화는 불편한 것으로 여겨집니다. 하지만 고대 로마의 개선장군들은 승리의 행진 중에도 "메멘토 모리(Memento Mori)", 죽음을 기억하라는 말을 듣곤 했습니다. 이는 그들이 권력과 명예의 절정에 있을 때조차 자신의 유한성을 잊지 말도록 하는 지혜였습니다.

> "머지않아 네 몸은 앙상한 뼈와 한 줌의 재로 변할 것이다. 그리고 남는 것이라곤 이름뿐… 그 이름조차도 금세 사라질 것이다."
>
> ―명상록 12장 33절

마르쿠스 아우렐리우스는 로마 제국의 절대 권력자였지만, 끊임없이 자신의 죽음을 묵상했습니다. 그는 전염병으로 자녀들을 잃었고, 전쟁터에서 수많은 죽음을 목격했습니다. 이러한 경험은 그를 비관주의자로 만들지 않았습니다. 오히려 그는 죽음의 필연성을 받아들임으로써, 현재의 순간을 더욱 의미 있게 살아가는 법을 배웠습니다. 그는 "인생을 마치 오늘이 마지막 날인 것처럼 살아라. 내일을 보장받은 사람은 아무도 없다"고 여겼습니다.

현대 심리학자들은 이러한 '죽음 인식'이 오히려 더 풍요로운 삶으로 이어질 수 있다고 말합니다. 죽음을 의식하는 사람들은 대체로,

- ◆ 더 깊은 인간관계를 추구합니다
- ◆ 물질적 성공보다 의미 있는 경험을 중시합니다
- ◆ 사소한 문제에 덜 연연합니다
- ◆ 자신의 가치관에 더 충실한 삶을 살아갑니다

실제로 호스피스 간호사 브로니 웨어는 임종을 앞둔 환자들이 가장 많이 후회하는 것들을 기록했는데, 대부분은 "일에 너무 많은 시간을 보냈다", "친구들과 더 많은 시간을 보내지 못했다", "나의 진정한 꿈을 포기했다" 등이었습니다. 이러한 후회들은 우리에게 중요한 교훈을 줍니다.

죽음을 기억한다는 것은 삶을 포기하거나 체념하는 것이 아닙니다. 오히려 매 순간을 더욱 의미 있게 만드는 촉매제가 될 수 있습니다. 지금 이 순간, 당신은 어떤 선택을 하고 있나요? 그 선택이 당신이 꿈꾸는 삶과 얼마나 가까운가요?

> "스스로 이미 죽은 사람이라고 여기라. 지금까지의 삶은 이미 다 살았으니,
> 남은 시간을 자연에 따라 올바르게 살아가라."
>
> ―명상록 7장 56절

체크리스트

◇ 오늘 하루 동안 진정으로 의미 있는 순간을 만들었는가?

◇ 중요한 일들을 '나중에'라는 이름으로 미루고 있지는 않은가?

◇ 내 시간과 에너지를 진정 가치 있는 곳에 쓰고 있는가?

◇ 오늘의 선택들이 미래의 '나'가 후회하지 않게 만들 것인가?

◇ 가까운 이들에게 충분한 사랑과 관심을 표현하고 있는가?

하루 실천법

아침에 일어나면 먼저 깊게 세 번 호흡하며 오늘이 선물임을 감사히 여깁니다. 하루 중 적어도 한 번은 소중한 사람에게 진심 어린 감사나 사랑을 표현합니다. 저녁에는 "오늘 하루가 마지막이었다면 무엇이 가장 아쉬울까?"를 생각해 보고, 내일은 그것을 실천할 구체적인 계획을 세워봅니다.

성찰 질문

- 지금 내가 가장 두려워하는 것은 무엇이며, 그것은 죽음 앞에서도 여전히 중요할까?
- 내 인생의 마지막 순간에 가장 보람 있었다고 생각할 만한 일은 무엇일까?
- 지금 이 순간, 나는 진정으로 살아 있음을 느끼고 있는가?
- 오늘 하루는 어제와 어떻게 달랐으며, 내일은 어떻게 다르게 만들고 싶은가?

자아를 성찰하다
나 자신과 대화하는 시간

5

"누군가 갑자기 '지금 무슨 생각을 하고 있는가?' 묻더라도 곧장 대답할 수 있도록, 항상 자기 생각을 살펴라. 욕망이나 질투 등으로 얼굴 붉힐 일 없는 부끄럼 없는 생각만 하라."

—명상록 3장 4절

매일 밤 퇴근 후 한 시간을 혼자만의 시간으로 정해놓은 준석은 처음에는 이 시간이 낯설기만 했습니다. 스마트폰을 보거나 TV를 틀지 않고 조용히 앉아 하루를 돌아본다는 것이 어색했죠. 하지만 시간이 지날수록 이 고요한 시간은 그에게 가장 소중한 선물이 되었습니다. 업무에서 받은 스트레스를 정리하고, 가족과의 관계를 돌아보며, 때로는 자신의 삶의 방향을 점검하는 귀중한 순간이 된 것입니다.

현대인들은 끊임없는 외부 자극에 노출되어 있습니다. 스마트폰의 알림, 끝없는 이메일, SNS로 날아드는 타인의 삶. 이런 소음 속에서 우리는 자신의 목소리를 듣는 법을 잊어갑니다. 특히 50대는 직장과 가정에서의 책임이 가중되는 시기입니다. 팀을 이끌어야 하는 부담, 자녀 교육에 대한 걱정, 노부모 부양의 책임까지. 이러한 여러 역할 속에서 우리는 종종 진정한 자아를 잃어버리곤 합니다.

마르쿠스 아우렐리우스는 로마 제국의 황제로서 수많은 외부 압박과 책임을 지고 있었지만, 매일 밤 자신과의 대화 시간을 가졌습니다. 그의 《명상록》은 바로 이러한 내면의 대화를 기록한 것입니다. 그는 제국을 통치하는 막중한 책임 속에서도, 오히려 그렇기 때문에 더욱 자신을 돌아보는 시간이 필요했던 것입니다.

> "사람들은 전원이나 해변, 산속으로 휴식을 찾으러 가려고 하지만, 그대 자신의 내면만큼 고요하고 아늑한 은신처는 없다. 언제든 자신 안으로 물러가 평온을 찾으라."
>
> —명상록 4장 3절

자기성찰의 시간이 현대를 사는 우리에게 특별히 중요한 이유는 그것이 가져다주는 깊은 통찰과 치유의 힘 때문입니다. 현대 심리학에서는 이를 '감정적 환기'라고 부르는데, 하루 동안 쌓인 감정들을 인식하고 표현함으로써 우리는 스트레스를 해소하고 정서적 균형을 찾을 수 있습니다. 실제로 많은 심리 연구에서 규칙적인 자기성찰 시간을 가진 사람들이 그렇지 않은 사람들에 비해 불안과 우울 수준이 현저히 낮다는 것이 밝혀졌습니다.

더 나아가 심리학자 콜브가 제안한 '경험학습 사이클'에 따르면, 성찰은 단순한 경험을 의미 있는 배움으로 전환하는 핵심 과정입니다. 예를 들어, 회의에서 발생한 갈등 상황을 단순히 불쾌한 경험으로 지나치는 대신, 그 상황에서 자신의 반응과 타인의 입장을 돌아봄으로써 더 나은 의사소통 방법을 배울 수 있는 것입니다.

철학자 찰스 테일러는 "우리는 자신의 이야기를 통해 자아를 형성한다"고 했습니다. 매일의 성찰은 우리 삶의 이야기를 만들어가는 과정이며, 이는 곧 더 단단한 자아를 형성하는 과정입니다. 우리가 겪는 크고 작은 사건들은 단순한 사실이 아니라, 우리가 그것을 어떻게 해석하고 받아들이느냐에 따라 전혀 다른 의미를 가질 수 있습니다.

신경과학 연구에서도 정기적인 성찰이 전두엽의 의사결정 능력을 향상시키는 것으로 나타났습니다. 과거의 경험을 체계적으로 분석함으로써 우리는 더 현명한 판단을 내릴 수 있는 것입니다. 이는 단순히 과거를 회상하는 것이 아니라, 그 경험으로부터 배우고 성장하는 적극적인 과정입니다.

마음챙김 연구는 규칙적인 자기성찰이 불안과 스트레스를 감소시키고, 전반적인 웰빙을 향상시킨다는 것을 보여줍니다. 이는 마르쿠스 아우렐리우스가 말한 "내면의 은신처"가 현대 과학으로 입증된 것이라고 할 수 있습니다. 우리가 찾는 평화와 지혜는 멀리 있지 않습니다. 그것은 바로 우리 안에 있으며, 우리는 단지 그것을 만나기 위한 시간과 의지가 필요할 뿐입니다.

결국 자기성찰은 우리 삶의 나침반이 됩니다. 끊임없이 변화하는 세상 속에서, 우리는 이 나침반을 통해 진정한 자아를 잃지 않고 우리만의 길을 걸어갈 수 있습니다. 그리고 이러한 여정에서 가장 믿음직한 동반자는 다름 아닌 우리 자신입니다.

체크리스트

◇ 오늘 하루 동안 경험한 다양한 감정들을 인식하고 있는가?
◇ 나의 행동과 그 행동의 동기를 이해하려 노력했는가?
◇ 나의 강점과 약점을 정확히 파악하고 받아들이고 있는가?
◇ 내 삶의 방향성이 진정 내가 원하는 것인지 점검하고 있는가?
◇ 다른 사람들과의 관계에서 나의 태도는 어떠했는가?

하루 실천법

잠들기 전 15분 동안 하루를 돌아보는 시간을 가지세요. 스마트폰을 멀리하고, 조용한 공간에서 오늘 하루 있었던 일들을 천천히 생각해봅니다. 특별한 형식 없이 떠오르는 생각과 감정들을 자유롭게 기록해보세요. 이 과정에서 자신을 비난하지 말고, 마치 오랜 친구의 이야기를 듣듯이 따뜻한 마음으로 귀 기울여보세요.

성찰 질문

- 나는 무엇을 위해 이렇게 열심히 살아가고 있는가?
- 오늘 나는 어제의 나보다 어떤 면에서 성장했는가?
- 내 삶에서 진정으로 중요한 것은 무엇이며, 그것을 위해 충분한 시간과 에너지를 쓰고 있는가?
- 10년 후의 나는 지금의 나를 어떻게 평가할까?

집중력을 키우다
업무와 일상에서의 생산적 몰입

6

> "인간은 쏜살같이 지나가는 현재의 이 순간 속에서만 존재하는 것이다. 나머지 인생은 이미 사라졌거나 아직 불확실할 뿐이다."
>
> —명상록 3장 10절

대형 IT 기업의 프로젝트 매니저인 윤서는 늘 시간에 쫓기는 듯한 느낌을 받았습니다. 회의 중에는 다음 회의를 걱정하고, 한 업무를 처리하면서 동시에 이메일을 확인하고, 전화를 받으며 보고서를 작성하는 등 항상 멀티태스킹 모드였습니다. 그러나 정작 하루가 끝날 때면 많은 일을 했지만 실질적인 성과는 미미하다는 좌절감에 빠졌습니다.

"무엇이 문제일까?"

그러던 어느 날, 우연히 참석한 리더십 강연에서 그는 놀라운 통찰을 얻었습니다.

"집중력은 현대인의 가장 희소한 자원입니다. 당신의 주의가 분산될 때마다 완전한 회복까지 평균 23분이 소요됩니다."

현대인들의 주의력은 마치 바람에 흔들리는 촛불과 같습니다. 스마트폰의 알림은 우리 주의를 계속해서 분산시키고, 업무용 메신저는 쉴 새 없이 울립니다. 한 연구에 따르면, 현대인들은 하루 평균 134번 스마트폰을 확인하고, 업무 중 평균 11분마다 방해를 받는다고 합니다. 이러한 '주의력 분산'은 업무 효율성을 극적으로 떨어뜨릴 뿐만 아니라, 스트레스와 불안을 증가시키는 주요 원인이 됩니다.

마르쿠스 아우렐리우스는 이미 2000년 전에 집중력의 중요성을 깊이 이해했습니다. "한 번에 한 가지 일만 하라. 그리고 그 일을 신들 앞에서 하는 것처럼 하라." 로마 제국의 황제로서 그는 수많은 국정 과제와 전쟁, 정치적 음모 등에 시달렸지만, 늘 현재 당면한 과제에 온전히 집중하려 노력했습니다.

윤서는 집중력을 높이기 위한 구체적인 방법들을 실천하기 시작했습니다.

- **업무 블록 설정** 하루를 90분 단위의 집중 블록으로 나누고, 각 블록 동안은 오직 한 가지 업무에만 집중했습니다.
- **디지털 디톡스 시간** 매일 일정 시간은 모든 알림을 끄고 깊은 업무(Deep Work)에 몰입했습니다.

- **환경 정비** 책상 위 물건들을 최소화하고, 시각적 방해요소를 제거했습니다.
- **포모도로 기법** 25분 집중, 5분 휴식의 리듬으로 업무를 처리했습니다.
- **아침 의식** 출근 직후 15분은 그날의 업무를 정리하고 우선순위를 설정하는 시간으로 활용했습니다.

변화는 즉각적이지 않았습니다. 처음에는 이메일을 확인하지 않고 한 시간을 버티는 것조차 어려웠습니다. 하지만 점차 집중력 근육이 강화되기 시작했고, 3주가 지났을 때 윤서는 놀라운 변화를 경험했습니다.

집중 시간이 늘어나면서 업무의 질이 향상되었습니다. 한 번에 한 가지 일에 온전히 집중함으로써 오류가 줄어들었고, 창의적인 해결책을 더 쉽게 찾을 수 있었습니다. 무엇보다 퇴근 시간이 빨라졌습니다. 이전에는 매일 저녁 8시까지 일했지만, 이제는 대부분 정시에 퇴근할 수 있게 되었습니다.

"미팅이 없는 날에는 진짜 집중해서 4시간 일하면 예전의 10시간 업무를 끝낼 수 있더라고요."

윤서가 팀원들에게 이 변화를 공유하자, 팀 전체가 '집중의 문화'를 실험하기 시작했습니다. '질문 시간'을 따로 정해 불필요한 중간 방해를 줄였고, 회의는 30분으로 제한했습니다. 점심 이후 2시간은 '집중 시간'으로 지정하여 모든 팀원이 방해 없이 깊은 업무에 몰입

할 수 있도록 했습니다.

놀랍게도 팀의 생산성은 눈에 띄게 향상되었고, 야근은 급격히 줄었습니다. 일과 삶의 균형이 개선되면서 팀의 사기도 높아졌습니다.

마르쿠스 아우렐리우스는 "네가 하는 모든 일이 네 인생의 마지막 행위인 것처럼 하라"고 조언했습니다. 이는 업무에 대한 집중과 몰입의 철학적 표현이었습니다. 현재 맡은 일에 온전히 집중할 때, 우리는 단순히 효율성을 넘어 의미와 성취감을 경험할 수 있게 됩니다.

윤서가 발견한 집중력의 비밀은 결국 현재 순간에 온전히 존재하는 것이었습니다. 과거의 후회나 미래의 불안에서 벗어나, 지금 이 순간의 업무에 모든 주의를 기울일 때 진정한 생산성과 만족감이 찾아왔습니다.

"이제는 일할 때 일하고, 쉴 때 쉬고, 가족과 있을 때는 정말로 그 순간에 있게 되었어요. 삶 전체가 달라졌습니다."

윤서의 경험은 현대 사회에서 집중력이 얼마나 중요한 자산인지를 보여줍니다. 끊임없는 알림과 정보의 홍수 속에서, 우리의 주의를 의식적으로 관리하고 현재 당면한 과제에 집중하는 능력은 성공과 웰빙의 핵심 요소가 되었습니다.

체크리스트

◇ 업무 중 스마트폰을 확인하는 빈도를 측정해보았는가?
◇ 하루 중 '깊은 집중' 시간을 따로 배정하고 있는가?
◇ 집중력을 방해하는 요소들(소음, 알림, 잡담 등)을 파악하고 있는가?
◇ 한 번에 여러 일을 동시에 처리하려는 멀티태스킹 습관이 있는가?
◇ 중요한 업무를 할 때 자신의 에너지 수준이 가장 높은 시간대를 활용하고 있는가?

하루 실천법

오늘 하루, '단일 작업(Single-tasking)'에 도전해보세요. 한 가지 업무를 시작할 때 그것만 처리한다는 의식적인 결정을 내리고, 완료할 때까지 다른 작업으로 전환하지 않습니다. 이메일을 확인할 때는 이메일에만, 보고서를 작성할 때는 보고서에만 집중합니다. 다른 생각이 떠오르면 빠르게 메모해 두고 현재 작업으로 돌아오세요. 하루 끝에 이 방식으로 얼마나 많은 일을 효과적으로 처리했는지 평가해보세요.

성찰 질문

- 나는 업무 중 얼마나 자주 '자동 조종' 모드로 전환되는가?
- 진정한 집중 상태에 있을 때와 주의가 분산되었을 때의 업무 결과는 어떻게 다른가?
- 내 업무 환경과 일상에서 집중력을 더 높이기 위해 바꿀 수 있는 것은 무엇인가?
- 내가 가장 집중력이 높을 때는 언제이며, 어떻게 하면 그 상태를 더 자주 경험할 수 있을까?

어려움을 수용하다
평정심 연습

7

> "하루를 시작하기 전에 네 자신에게 이렇게 말하라. '오늘도 나는 주제넘게 간섭하고, 배은망덕하고, 교만하고, 남을 속이고, 시기심 많고 무례한 사람들을 만나게 될 것이다.' 그러나 그들이 그런 행동을 하는 것은 선과 악을 알지 못하기 때문이다."
>
> ─명상록 2장 1절

매일 아침 출근길, 대형 제약회사의 영업부장인 민호는 자신만의 의식을 치릅니다. 지하철에 몸을 싣기 전, 잠시 벤치에 앉아 오늘 마주하게 될 상황들을 마음속으로 그려봅니다. 까다로운 거래처와의 미팅, 예민한 팀원과의 갈등, 예상치 못한 업무 변경…. 이런 상황들을 미리 떠올리며 그는 차분히 마음의 준비를 합니다.

이러한 습관은 처음에는 다소 부정적으로 보일 수 있습니다. 하지만 이는 스토아 철학에서 말하는 '예기된 어려움(Premeditation of Evils)'의 실천입니다. 마르쿠스 아우렐리우스는 매일 아침 자신이 맞닥뜨릴 수 있는 불쾌한 상황들을 미리 생각했습니다. 이는 비관주의가 아닌, 현실적인 준비였습니다. 마치 숙련된 검객이 전투 전에 모든 가능한 공격을 예상하고 대비하는 것처럼, 우리의 마음도 예상되는 어려움을 준비할 수 있습니다.

'심리적 예방접종(Psychological Inoculation)'이라 불리는 기법이 있습니다. 작은 스트레스 요인에 미리 노출됨으로써 더 큰 스트레스에 대한 저항력을 키우는 방법입니다. 마치 백신이 약화된 병원체를 통해 면역력을 키우는 것처럼, 예상되는 어려움을 미리 마음속으로 맞이하는 것은 실제 상황에서의 충격을 줄여줍니다.

민호는 이러한 아침 의식을 통해 놀라운 변화를 경험했습니다. 예전에는 예기치 못한 문제가 발생하면 쉽게 당황하고 흥분했지만, 이제는 "아, 이런 일이 올 수 있다고 생각했지"라며 더욱 침착하게 대응할 수 있게 되었습니다. 특히 그의 팀원들은 위기 상황에서도 평정을 잃지 않는 리더의 모습에 신뢰와 안정감을 느낍니다.

그러나 이러한 평정심 연습은 단순히 최악의 상황을 상상하는 것에 그치지 않습니다. 더 중요한 것은 그 상황에서 우리가 어떻게 대응할 것인지를 구체적으로 그려보는 것입니다. 예를 들어, 거래처와의 갈등이 예상된다면, "나는 감정적으로 대응하지 않고, 상대방 입장을 먼저 경청한 뒤, 합리적인 해결책을 제시할 것이다"라는 구체적인 행동 계획을 세우는 것입니다.

마르쿠스 아우렐리우스는 또한 이러한 준비가 단순한 방어적 태도를 넘어, 적극적인 자기 성장의 기회가 될 수 있다고 보았습니다. 까다로운 동료는 우리의 인내심을 시험하는 스승이 되고, 예상치 못한 위기는 우리의 문제 해결 능력을 키우는 훈련장이 됩니다. 이처럼 어려움을 피하지 않고 정면으로 마주보는 자세는, 결국 우리를 더 강하고 지혜로운 사람으로 만듭니다.

> "쉴 새 없이 파도가 밀려와 부딪쳐도 저 바위는 조금도 흔들리지 않는다. 마침내 그 거칠던 파도도 잠잠해진다."
>
> ―명상록 4장 49절

평정심은 마치 삶의 갑옷과도 같습니다. 외부 폭풍우가 아무리 거세더라도, 이 갑옷이 있다면 우리는 중심을 잃지 않을 수 있습니다. 우리가 평정심을 잃으면 사소한 문제에도 쉽게 동요되고, 감정의 소용돌이에 휘말려 올바른 판단을 내리기 어려워집니다. 반면 평정심을 유지할 때, 우리는 어떤 난관 속에서도 문제의 본질을 꿰뚫어보고 최선의 해결책을 찾아낼 수 있습니다.

이러한 평정심의 힘은 다양한 분야에서 그 중요성이 입증되어 왔습니다. 히말라야를 오르는 등반가들은 극한의 상황에서 생존하기 위해 최악의 시나리오까지 고려한 철저한 준비를 합니다. 그들은 사전에 모든 위험 요소를 검토하고, 그에 맞는 장비를 준비하며, 반복적인 훈련을 통해 위기 상황에서도 침착하게 대처할 수 있는 능력을 키웁니다. 이는 마르쿠스 아우렐리우스가 말한 '예기된 어려움'의 현대적 실천이라고 할 수 있습니다.

역사적으로 위대한 지도자들 역시 위기의 순간에 평정심을 잃지 않음으로써 올바른 판단을 내릴 수 있었습니다. 그들은 당장의 감정에 휘둘리지 않고 냉철하게 상황을 분석하며, 장기적 관점에서 최선의 해결책을 찾아냈습니다. 이러한 평정심은 단순히 개인의 심리적 안정뿐만 아니라, 조직과 사회의 안정과 번영을 이끄는 핵심 요소가 되었습니다.

동양의 병법서 《손자병법》에서도 이와 유사한 지혜를 발견할 수 있습니다. 손자는 "적을 알고 나를 아는 것(知彼知己)"의 중요성을 강조했는데, 이는 전투 이전에 모든 가능성을 검토하고 대비하라는 가르침입니다. "미리 준비하면 근심이 없다(有備無患)"라는 말 역시, 스토아 철학의 '예기된 어려움' 개념과 맥을 같이합니다.

민호의 사례로 돌아가보면, 그의 아침 명상은 단순한 걱정이나 불안이 아닌, 이러한 고대의 지혜들이 현대적으로 실천되는 모습이라고 할 수 있습니다. 그는 예상되는 어려움을 회피하지 않고 정면으로 마주보며, 그것을 자신의 성장을 위한 기회로 삼았습니다. 이러한 태도는 결국 그를 더 강한 리더로 만들었고, 팀원들에게도 긍정적인 영향을 미쳤습니다.

체크리스트

◇ 하루를 시작하기 전, 예상되는 어려움에 대해 마음의 준비를 하는가?

◇ 예기치 않은 상황에 직면했을 때, 감정적으로 동요하지 않고 침착하게 대처하는 편인가?

◇ '부정적 시각화' 같은 심리적 훈련을 통해 평정심을 유지하는 연습을 하고 있는가?

◇ 어려운 상황을 성장의 기회로 받아들이는 긍정적인 태도를 갖고 있는가?

하루 실천법

오늘 하루, '평정심 유지'를 목표로 삼고, 다음을 실천해봅니다.

- 아침에 일어나, 오늘 하루 일어날 수 있는 어려움을 세 가지 이상 떠올리고, 각각에 대한 대처 방안을 마음속으로 그려보세요.
- 하루 동안 예상치 못한 문제가 발생하면, 잠시 멈춰 서서 심호흡을 하고, "이것은 내가 예상했던 일이다"라고 스스로에게 말해보세요.
- 저녁에 잠자리에 들기 전, 오늘 하루 평정심을 유지했던 순간들을 떠올리고, 자신을 칭찬해주세요.

성찰 질문

- 나를 가장 힘들게 하는 것은 무엇인가?
- 그것에 대한 나의 반응은 어떻게 바뀔 수 있는가?
- 평정심을 유지하는 것이 왜 중요할까?

감사를 실천하다
감사와 함께 하루 시작하기

8

"지금 없는 것을 갖고자 애태우기보다, 이미 가진 축복들을 헤아려보라. 만약 그것들이 없었더라면 네가 얼마나 그것들을 갈망했을지 생각해보라."

―명상록 7장 27절

매일 아침, 출근 준비를 하며 선희는 한숨부터 나옵니다. 더 넓은 집, 더 높은 연봉, 남들과 비교하며 부족한 것들이 먼저 떠오르곤 했습니다. 막내가 입학한 초등학교의 교육환경은 마음에 들지 않고, 회사에서는 승진이 늦어지는 것 같고, 남편은 늘 바빠서 육아와 집안일을 도와주지 못합니다. 불만의 목록은 끝없이 이어졌습니다.

하지만 어느 날 우연히 본 다큐멘터리에서 힘든 환경에서도 웃음을 잃지 않는 사람들을 알게 된 후, 선희는 자신의 시각을 바꿔보기로 했습니다. 다음 날부터 거울을 보며 "오늘도 일할 수 있어서 감사해", "가족이 건강해서 다행이야" 같은 말을 스스로에게 건넸습니다. 처음에는 어색했지만, 하루를 감사로 시작하자 신기하게도 작은 불만들이 설 자리 없이 사라지는 것을 느꼈습니다.

마르쿠스 아우렐리우스는 매일 자신이 가진 것들에 대해 감사하는 시간을 가졌습니다. 그의 《명상록》 첫 장은 부모, 스승, 친구들로부터 받은 가르침과 은혜를 하나하나 열거하며 감사를 표현하는 것으로 시작합니다. 이는 단순한 예의가 아닌, 깊은 철학적 통찰에서 비롯된 것이었습니다.

캘리포니아 대학의 연구진은 매일 감사 일기를 쓴 그룹이 그렇지 않은 그룹에 비해 더 높은 행복감과 낮은 스트레스 수준을 보였다고 보고했습니다. 특히 취침 전 감사한 일들을 떠올리는 습관은 수면의 질을 개선하고 다음 날의 생산성을 높이는 것으로 나타났습니다.

감사는 우리의 뇌를 재구성합니다. 신경과학자들 연구에 따르면, 감사하는 마음을 지속적으로 가지면 대뇌의 전전두엽과 편도체의 활성화 패턴이 변화하여, 스트레스와 불안에 대한 저항력이 높아진다고 합니다. 이는 마치 근육을 단련하는 것처럼 감사의 마음도 훈련을 통해 강화될 수 있다는 것을 의미합니다.

"신들과 같이 산다는 것은, 그들이 너에게 부여한 것에 만족하고 기꺼이 받아들이며 이행하고 있음을 끊임없이 보여주는 것이다."

—명상록 5장 27절

선희는 점차 자신의 일상에서 더 많은 감사할 거리를 발견하기 시작했습니다. 출근길의 교통 체증도 "혼자만의 생각할 시간을 가질 수 있어 감사하다"고 여기게 되었고, 업무가 많은 것도 '회사가 나를 필요로 한다는 증거'로 받아들이게 되었습니다. 심지어 바쁜 남편도 "열심히 일하는 모습이 자랑스럽다"고 생각하게 되었습니다.

특히 주목할 만한 것은 감사가 가진 전염성입니다. 선희가 감사하는 마음으로 하루를 시작하자, 주변 사람들도 조금씩 변화하기 시작했습니다. 팀원들은 그녀의 긍정적인 에너지에 영향을 받아 더 협조적이 되었고, 가족들과의 관계도 더욱 따뜻해졌습니다. 불만이 불만을 낳듯이, 감사는 감사를 낳는 것입니다.

체크리스트

◇ 아침에 일어나자마자 떠오르는 생각은 불평인가, 감사인가?
◇ 내가 당연하게 여기는 것들에 대해 마지막으로 감사함을 느껴본 때는 언제인가?
◇ 불만스러운 상황에서도 감사할 점을 찾으려 노력하는가?

하루 실천법

매일 아침 거울을 보며 감사한 일 세 가지를 소리 내어 말해보세요. 잠들기 전에는 그날 있었던 긍정적인 순간들을 떠올리며 작은 감사 일기를 써보세요. 사소한 것이라도 좋습니다. 이 습관이 쌓이면서 당신의 하루가 어떻게 변화하는지 지켜보세요.

성찰 질문

- 지금 내가 가진 것들 중 과거의 내가 간절히 바라던 것은 무엇인가?
- 현재의 불만들은 시각을 바꾸면 어떤 감사의 기회가 될 수 있을까?
- 내가 당연하게 여기는 것들이 없다면 내 삶은 어떻게 달라질까?

Meditation

"남들이 무엇을 말하고 생각하든 개의치 말라.
네 자신의 말과 행동, 그리고 생각이 올바른지에
만 신경을 쓰라."

— 명상록 3장 4절

일과 성공의 철학

직장 생활과 목표 설정

일의 의미를 찾다
일에 쫓기지 말고 일의 주인이 되라

9

"우주라는 거대한 직조물 속에서 너만의 실을 찾아라. 오로지 자신에게 맡겨진 일에만 전념하라."

―명상록 3장 4절

　중견기업 부장인 재성은 하루 종일 밀려드는 업무로 일에 끌려다니는 느낌을 받았습니다. 아침에 출근하면 이메일과 회의로 정신없이 휩쓸리고, 퇴근할 땐 녹초가 되어 자괴감이 들었습니다. 일에 쫓기다 보니, 이 일을 왜 시작했고 어떤 가치를 만드는지조차 잊혀졌죠. 가정에서는 아이들과 제대로 된 대화도 나누지 못한 채 잠들기 일쑤였고, 주말마저도 밀린 업무 처리로 보내는 날이 많아졌습니다.
　그러던 어느 날, 재성은 과로로 쓰러졌습니다. 당황스럽기도 하고 힘들었습니다. 다행스러운 것은 그 사건을 통해 마음을 다잡게 되었다는 것입니다. "더 이상 일에 끌려다니지 않겠어. 일의 주인이 되는 법을 찾아야겠어." 변화는 뜻하지 않은 순간에 찾아오곤 하지요.

　재성은 우선 업무 목록을 만들고 우선순위를 정해 자신이 능동적으로 계획하기 시작했습니다. 또한 하루 중 자신이 가장 에너지가 높은 오전 시간대에 중요한 일을 배치하고, 소모적인 일은 과감히 줄이는 등 주도적으로 일과를 설계했습니다.

　마르쿠스 아우렐리우스는 로마 제국의 최고 의결권자였습니다. 황제로서 상상하기 힘든 업무량과 책임을 감당해야 했습니다. 하지만 그는 결코 일에 짓눌리지 않았습니다. 대신 매 순간 자신의 역할과 의무의 의미를 되새겼습니다. 그에게 황제 직무는 단순한 일이 아닌, 우주 질서에 참여하는 방식이었습니다. 이러한 관점은 현대를 사는 우리에게도 중요한 시사점을 제공합니다.

　학자들 연구에 따르면, 일의 의미를 명확히 인식하는 직장인들은 그렇지 않은 이들에 비해 스트레스가 낮고 직무 만족도가 높은 것으로 나타났습니다. 더 놀라운 것은, 그들의 실제 업무량이나 근무 조건이 크게 다르지 않았다는 점입니다. 차이는 오직 일을 바라보는 관점에 있었습니다.

> "그는 행사를 주관할 때 항상 신중했고, 그 뒤에 따르는 갈채나 영광에는 관심이 없었다. 충분한 시간을 갖고 임했기에 모든 일을 견실하고 질서 정연하게 처리할 수 있었다."
>
> ―명상록 1장 16절

재성은 점차 자신의 업무 방식을 개선해나갔습니다. 매일 아침 30분 일찍 출근해 그날의 우선순위를 정하고, 중요한 업무에는 '방해금지' 시간을 설정했습니다. 회의는 가능한 한 오후에 배치하고, 불필요한 회의는 과감히 줄였습니다. 특히 주목할 만한 변화는 업무를 대하는 그의 태도였습니다. 단순히 '해야 할 일'이 아닌, '우리 회사의 제품을 통해 고객의 삶을 개선하는 일'이라는 더 큰 맥락에서 자신의 역할을 이해하기 시작했습니다.

놀랍게도 이러한 변화는 그의 팀 전체에 긍정적인 영향을 미쳤습니다. 팀원들도 각자의 업무가 가진 의미를 더 명확히 인식하게 되었고, 단순한 실적 달성을 넘어 진정한 가치 창출을 고민하기 시작했습니다. 회의는 더 효율적이 되었고, 팀 내 소통은 더 의미 있어졌습니다.

> "아침에 잠자리에서 일어나기 힘들 때면 이렇게 생각하라.
> '나는 인간으로서 해야 할 일을 하러 가는 것이다. 내가 태어난 목적이 바로 이것이 아니던가? 아니면 이불 속에서 따뜻하게 지내라고 나를 만든 것인가?'"
>
> ─명상록 5장 1절

체크리스트

◇ 아침에 출근하면 주도적으로 하루 계획을 세우는가?

◇ 지금 하는 일의 궁극적 목적을 설명할 수 있는가?

◇ 업무 개선을 위해 적극적으로 노력하고 있는가?

하루 실천법

오늘 퇴근 전 내일의 핵심 업무 세 가지를 정하고, 다음 날 아침 이 일들부터 착수하세요. 업무 중간중간 잠시 멈춰 "이 일이 왜 중요한가?"를 떠올려보세요.

성찰 질문

- 나는 일과 삶의 관계에서 주도권을 갖고 있는가?
- 내 일이 타인과 사회에 어떤 기여를 하고 있는가?
- 일을 통해 나는 어떤 성장을 이루고 있는가?

가치를 발견하다
소명의식 갖고 일하기

10

"벌떼에게 유익하지 않은 것은 한 마리 벌에게도 유익하지 않다."

—명상록 6장 54절

 승진에도 성공했고 남들이 보기엔 안정적 커리어를 가진 지현이지만, 속으로는 "내 일에 무슨 의미가 있나" 회의감에 빠져 있었습니다. 매일 숫자와 씨름하며 보고서를 만들지만, 그것이 세상에 어떤 가치가 있는지 체감하지 못했습니다. 야근이 잦아지고 주말까지 일에 매달리면서도, 정작 그 모든 노력이 어디로 향하는지 알 수 없었습니다.
 그러던 중 회사가 참여한 사회공헌 프로젝트로 지역 청소년들에게 직업 멘토링을 해주는 봉사활동에 나서게 되었습니다. 그곳에서 만난 한 학생이 "덕분에 저도 이 분야에 도전하고 싶어졌어요"라고 말했을 때, 지현은 일에 대한 새로운 시각이 열렸습니다. 자신의 일이 누군가에게 긍정적인 영향을 줄 수 있다는 것, 일의 보람과 소명이 느껴진 순간이었습니다.

마르쿠스 아우렐리우스는 "인간은 서로를 위해 태어났다"고 믿었습니다. 그는 황제로서도 자신이 하는 정치와 행정이 공동체에 기여하는 일임을 잊지 않으려 했습니다. '소명의식'을 가진 사람들이 더 높은 직무 만족도와 삶의 질을 보인다는 사실을 우리는 어렵지 않게 발견할 수 있습니다. 하버드 비즈니스 스쿨의 연구에 따르면, 자신의 일에서 의미를 찾는 직장인들은 그렇지 않은 이들에 비해 이직률이 낮고 업무 성과도 더 높았습니다.

지현은 점차 자신의 일상적인 업무에서도 새로운 의미를 발견하기 시작했습니다. 매일 작성하는 재무 보고서는 단순한 숫자의 나열이 아닌, 회사의 건전한 운영을 위한 중요한 기초가 되었습니다. 이는 수많은 직원들의 일자리와 가정 경제를 지탱하는 토대였죠. 회의에서 제시하는 분석 자료들은 더 나은 의사결정을 돕고, 궁극적으로는 고객들에게 더 나은 서비스를 제공하는 데 기여했습니다.

특히 주목할 만한 변화는 후배들을 대하는 태도였습니다. 이전에는 업무 지시와 실수 지적에만 집중했다면, 이제는 그들의 성장을 돕는 멘토로서의 역할에 더 큰 보람을 느끼게 되었습니다. 자신이 축적한 경험과 지식을 나누는 과정에서, 지현은 또 다른 차원의 직업적 만족감을 발견했습니다.

소명의식은 하루아침에 생기는 것이 아닙니다. 그것은 자신의 일이 지닌 사회적 가치를 끊임없이 성찰하고, 더 큰 맥락에서 자신의 역할을 이해하려는 노력에서 시작됩니다. 때로는 작은 업무조차 누군가의 삶에 긍정적인 영향을 미칠 수 있다는 믿음이 필요합니다.

> "이성을 지닌 모든 동물은 서로 돕기 위해 창조되었다. 인간은 고의로 악을 행하지 않으며, 서로 참아주는 것이 곧 정의다."
>
> ―명상록 4장 3절

체크리스트

◇ 나는 지금 하는 일의 최종 수혜자가 누구인지 알고 있는가?
◇ 내 업무가 동료들과 조직에 어떤 도움이 되는지 이해하고 있는가?
◇ 일을 통해 얻는 내적 성장과 보람은 무엇인가?

하루 실천법

매일 저녁 잠들기 전, 오늘 한 일들이 누군가에게 어떤 도움이 되었는지 짧게 메모해보세요. 아무리 작은 일이라도 그것이 가진 의미를 찾아보세요.

성찰 질문

- 내 일이 세상을 어떻게 더 나은 곳으로 만들 수 있을까?
- 10년 후 이 일을 통해 이루고 싶은 변화는 무엇인가?
- 나의 전문성과 경험이 다른 이들에게 어떤 도움이 될 수 있을까?

성장을 선택하다
완벽보다는 최선을 추구하라

11

"플라톤의 이상 국가를 기대하지 말라. 아주 작은 진전 하나에도 만족하라. 그리고 그 결과를 대단한 것으로 여기지 말라."

—명상록 9장 29절

대기업 팀장인 정민은 사소한 보고서 하나까지 완벽해야 직성이 풀리는 완벽주의자였습니다. 부하 직원이 작성한 문서의 폰트 크기가 0.5포인트만 달라도 수정을 요구했고, 프레젠테이션의 색상 배치까지 꼼꼼히 체크했습니다. 처음에는 이런 꼼꼼함이 일의 질을 높인다고 생각했지만, 점차 부작용이 나타나기 시작했습니다. 팀원들은 그의 기준에 맞추느라 지쳐갔고, 정작 중요한 일은 기한을 놓치는 경우가 잦아졌습니다.

어느 날 상사로부터 "너무 완벽을 고집하다가 기회를 잃는다"는 지적을 받은 정민은 충격을 받았습니다. 스스로를 돌아보니, 실패에 대한 두려움 때문에 완벽하게 준비되지 않으면 시작도 하지 않는 습관이 있었던 겁니다. 이는 단순한 업무 스타일 문제가 아닌, 더 깊은 심리적 패턴이었습니다.

하버드 대학 연구에 따르면, 완벽주의는 종종 어린 시절의 경험과 연결되어 있다고 합니다. 부모나 교사로부터 "항상 최고여야 한다"는 메시지를 반복적으로 받은 사람들은 성인이 되어서도 실수나 실패를 용납하지 못하는 경향이 있습니다. 이러한 완벽주의는 표면적으로는 높은 성과를 추구하는 것처럼 보이지만, 실제로는 혁신과 창의성을 저해하는 요인이 될 수 있습니다.

> "누군가 내 생각이나 행동이 그릇되었다는 것을 입증해준다면, 나는 기꺼이 바꾸겠다. 나는 진리를 추구하며, 진리는 그 누구도 해친 적이 없다. 우리를 해치는 것은 무지와 자기기만을 계속하는 것이다."
>
> —명상록 6장 21절

정민은 이러한 깨달음 후에 방식을 바꾸기로 결심했습니다. 작은 프로젝트를 시범 삼아 80%쯤 준비되면 일단 실행에 옮기고, 잘못되면 빠르게 수정해나가는 '애자일(Agile)' 방식을 도입했습니다. 처음에는 불안했지만, 오히려 시행착오를 통해 더 나은 결과물을 얻는 경우가 많았습니다. 팀원들도 점차 자신감을 되찾았고, 새로운 아이디어를 더 자유롭게 제안하기 시작했습니다.

마르쿠스 아우렐리우스도 인생에서 완벽이란 있을 수 없으며, 실수를 통해 성장해나가는 것이 자연스러운 이치임을 깨달았습니다. 그는 황제로서 수많은 결정을 내려야 했고, 때로는 그 결정이 완벽하지 않았음을 인정해야 했습니다. 하지만 그는 이를 자책하기보다는 배움의 기회로 삼았습니다.

'성장 마인드셋' 이론을 개발한 캐롤 드웩 교수는 우리의 능력이 고정된 것이 아니라 노력과 학습을 통해 발전할 수 있다고 주장합니다. 실패를 두려워하지 않고 도전하는 사람들이 장기적으로 더 큰 성공을 거둔다는 연구 결과도 있습니다. 이는 실패가 우리의 성장을 위한 필수적인 피드백이 될 수 있다는 것을 보여줍니다.

정민의 팀은 이제 '실패 학습 노트'를 작성합니다. 프로젝트가 끝날 때마다 무엇이 잘 됐고, 무엇이 부족했는지, 다음에는 어떻게 개선할 수 있을지를 함께 논의하고 기록합니다. 이 과정에서 팀원들은 실수를 숨기거나 변명하지 않고, 열린 마음으로 피드백을 주고받는 법을 배웠습니다.

가장 큰 변화는 정민 자신의 리더십이었습니다. 이제 그는 팀원들의 완벽한 수행보다는 도전과 성장을 격려합니다. "이번에는 실패했지만, 우리가 배운 것이 무엇인가?"라는 질문으로 팀 미팅을 시작합니다. 이러한 접근은 팀의 창의성과 혁신을 촉진했고, 결과적으로 더 나은 성과로 이어졌습니다.

체크리스트

◇ "이번에도 완벽하게 못하면 어쩌지?"라는 불안 때문에 시작을 미룬 적이 있는가?

◇ 사소한 부분까지 집착하느라 정작 중요한 목표를 놓친 경험은 없는가?

◇ 최근의 실패나 실수에서 내가 얻은 교훈은 무엇이며, 그것을 업무나 삶에 적용했는가?

하루 실천법

오늘 업무나 일상에서 일단 해보기를 실천하세요. 완벽히 준비되지 않은 일이 있더라도 작은 단계로 쪼개어 우선 한 발 내딛어봅니다. 예를 들어 미뤄둔 보고서가 있다면 완벽한 문장이 안 떠올라도 초안을 막 써보는 겁니다. 일이 끝난 후 결과가 조금 부족해 보이더라도 괜찮습니다. 대신 그 경험에서 깨달은 점 한 가지를 메모해두세요.

성찰 질문

- 나는 실패를 두려워한 나머지 도전 자체를 피하고 있지는 않은가?
- 완벽이 아니라 진전(Progress)을 목표로 할 때 내 삶과 일에서는 어떤 새로운 가능성이 열릴까?

판단력을 기르다
현명한 결정의 기술

12

> "어떠한 대상이 마음속에 들어오면, 그것에 대한 정신적 정의를 내리거나 적어도 윤곽은 파악해야 한다. 그것의 본성과 실제 모습, 구성 요소들을 면밀히 검토하고 음미하라. 이것이 이성을 발전시키는 매우 유효한 방법이다."
>
> —명상록 3장 11절

사업을 준비 중인 재호는 투자를 받을지 말지 기로에 섰습니다. 유명 투자사에서 매력적인 조건을 제시했지만, 지분 희석과 경영 간섭에 대한 우려도 컸습니다. 마음은 당장 큰돈을 받고 싶지만, 왠지 섣부르게 결정했다 낭패를 볼까 두렵기도 했습니다. 몇 날 며칠을 뜬눈으로 보내던 그는, 결국 체계적인 접근이 필요하다고 판단했습니다.

재호는 먼저 A4용지를 꺼내 투자 유치의 장단점을 객관적으로 나

열해보기 시작했습니다. 단순히 '좋다/나쁘다'가 아닌, 각 선택이 향후 3년, 5년 후의 회사에 미칠 영향까지 고려했습니다. 또한 자신의 감정 상태도 매일 기록했습니다. 흥분된 날의 판단과 차분한 날의 판단이 어떻게 다른지 관찰한 것입니다.

마르쿠스 아우렐리우스는 "첫인상에 속지 말라"고 강조하며, 모든 상황을 여러 각도에서 검토할 것을 권했습니다. 특히 그는 자신의 판단이 감정이나 선입견 때문에 왜곡되지 않았는지 끊임없이 점검했습니다. 로마 제국의 황제로서 그의 결정 하나하나가 수많은 사람들의 운명을 좌우했기에, 그는 결정의 순간마다 깊은 고뇌와 성찰의 시간을 가졌습니다. 늘 감정보다 이성을 앞세워 판단하려고 노력했습니다. 그는 "의견은 의견일 뿐, 사실이 아니다. 먼저 사실을 분명히 보라"고 자기 자신에게 말하며 사안을 객관적으로 보려 했습니다.

현대 의사결정 심리학에서는 우리의 뇌가 빠르고 직관적인 '시스템 1'과 느리지만 분석적인 '시스템 2'를 가지고 있다고 설명합니다. 일상적인 결정들은 시스템 1으로 충분하지만, 중요한 결정일수록 시스템 2를 적극적으로 활용해야 합니다. 이는 마치 산길을 걸을 때와 비슷합니다. 평탄한 길에서는 본능적으로 걸어도 되지만, 험한 절벽길에서는 한 걸음 한 걸음 신중히 내딛어야 하는 것처럼 말입니다.

재호는 자신만의 의사결정 과정을 발전시켜 나갔습니다. 그는 투자 결정을 앞두고 유사 스타트업의 사례를 연구하고, 투자사의 과거 포트폴리오를 분석했으며, 시장 동향과 경쟁사 현황까지 꼼꼼히 살

폤습니다. 특히 신경 쓴 부분은 팀원들에 대한 영향이었습니다. "이 결정이 우리 팀원들의 성장과 행복에 어떤 영향을 미칠까?", 이러한 질문은 단순한 재무적 판단을 넘어서는 통찰을 가져다주었습니다.

> "너에게 이성이 있는가? 그렇다면 무엇 때문에 그것을 활용하지 않는가?"
>
> ─명상록 4장 13절

의사결정에서 시간의 역할도 중요했습니다. 신경과학 연구에 따르면, 스트레스나 불안 상태에서는 전전두피질의 기능이 저하되어 현명한 판단을 내리기 어렵다고 합니다. 재호는 이를 고려해 중요한 결정 전에는 반드시 충분한 휴식을 취하고, 평온한 상태에서 판단하려 노력했습니다.

역사적으로도 위대한 지도자들은 신중한 의사결정의 중요성을 강조했습니다. 링컨 대통령은 중요한 결정을 앞두고 항상 반대 의견을 구했고, 벤자민 프랭클린은 장단점을 꼼꼼히 표로 작성했습니다. 현대 기업의 성공적인 리더들도 이와 유사한 접근법을 활용합니다. 아마존의 제프 베조스는 "80세가 되었을 때 이 결정을 후회하지 않을까?"라는 질문을 통해 장기적 관점에서 판단하는 방법을 개발했습니다.

> "어떠한 행동도 분명한 목적이 있거나 올바른 원칙에 따른 것이 아니라면 행하지 말라."

―명상록 4장 2절

결과적으로 재호의 체계적인 접근은 놀라운 결실을 맺었습니다. 투자 계약서의 세세한 조항들을 꼼꼼히 검토하면서, 그는 몇 가지 중요한 위험 요소를 발견할 수 있었습니다. 이를 바탕으로 투자사와 재협상을 진행했고, 결국 양측 모두가 만족하는 조건에 합의할 수 있었습니다. 더 중요한 것은 이러한 의사결정 프로세스가 회사 문화로 자리 잡았다는 점입니다. 팀원들도 중요한 결정을 앞두고 감정적 판단을 지양하고, 더 체계적인 접근을 하기 시작했습니다.

현명한 결정의 핵심은 결국 균형입니다. 감정과 이성, 직관과 분석, 속도와 신중함 사이의 적절한 균형을 찾는 것. 그리고 그 균형점은 각자의 상황과 맥락에 따라 다르겠지만, 중요한 것은 끊임없이 자신의 의사결정 과정을 돌아보고 개선하려는 노력일 것입니다.

체크리스트

◇ 최근 감정에 치우쳐 후회한 결정은 없는가? 예를 들어 화나서 충동적으로 한 말이나 소비 등

◇ 결정을 내릴 때 내 가치관과 사실 정보를 모두 고려하고 있는가, 아니면 주위 분위기나 일시적 감정에 휩싸이는가?

◇ 중요한 의사결정 전에 종종 사용하는 나만의 검증 방법(메모, 체크리스트, 멘토와 상의 등)이 있는가?

하루 실천법

오늘 크든 작든 결정할 일이 생긴다면 10초 멈춤을 실천해보세요. 예를 들어 온라인 쇼핑 중 지름신이 왔을 때 잠깐 화면을 닫고 10초 동안 "이게 정말 필요한가?" 자문해보는 겁니다. 혹은 업무상 판단이 필요할 때 종이에 간단히 상황과 판단 근거를 적어본 뒤 결정하세요. 작은 일부터 이성을 개입시키는 연습을 해봅니다.

- 오늘 하루 동안 모든 중요한 결정에 '3-10-3' 규칙을 적용해보세요.
- 3가지 관점: 매 결정을 3가지 다른 관점에서 바라보기
- 10분 규칙: 중요한 결정 전 10분간 깊이 생각하기
- 3단계 검증: 감정-이성-직관 순으로 결정 검증하기

- 나의 최근 중요한 결정들은 어떤 기준과 과정을 거쳐 이루어졌는가?
- 후회했던 결정들의 공통된 패턴은 무엇인가?
- 내 의사결정 과정에서 가장 큰 방해 요소는 무엇인가?
- 어떻게 하면 감정과 이성의 균형을 잘 맞출 수 있을까?
- 현재 직면한 중요한 선택에서 내가 놓치고 있는 관점은 무엇일까?

내면을 가꾸다
커리어보다 인격을 쌓아라

13

"더 이상 '훌륭한 사람이 어떠해야 하는가' 하고 말로 떠들지 말고, 그런 사람이 되어라."

—명상록 10장 16절

대리 시절부터 울며 겨자 먹기로 야근을 자청하고 상사 비위를 맞추며 빠르게 승진한 성환은 어느덧 임원이 되었습니다. 그러나 그의 주변에는 진심으로 그를 따르는 사람이 거의 없었고, 직위만 높은 사람으로 평가받고 있었습니다. 사람들의 수군거림이 성환에게 들려오곤 했습니다.

"성환 상무님은 능력은 있으신데 왠지 존경은 안 가."

어느 날 중요한 프로젝트에서 실패한 후, 성환은 깊은 자기성찰의 시간을 가졌습니다. 그동안 커리어 높이만 쫓느라 인간적 성숙을 놓쳤다는 것을 깨달은 것입니다. 승진을 위해 동료를 밟고 올라서기도 했고, 자신의 실수를 부하 직원에게 떠넘기기도 했으며, 팀의 성과를 자신의 공으로 돌린 적도 있었습니다.

> "세상의 모든 갈채는 얼마나 공허한가! 열광하는 이들은 얼마나 변덕스럽고 하찮은가!"
>
> ─명상록 4장 3절

이러한 깨달음 후에 성환은 근본적인 변화를 결심했습니다. 업무 능력뿐 아니라 정직, 배려, 약속 지키기 등의 덕목을 스스로에게 엄격히 요구하기 시작했습니다. 회의에서는 모든 참석자 의견을 경청했고, 팀원의 공로를 적극적으로 인정했으며, 자신의 실수는 즉시 인정하고 책임지는 모습을 보였습니다.

마르쿠스 아우렐리우스의 《명상록》에는 권력이나 지위에 대한 자랑이 아닌, 끊임없는 자기 성찰과 인격 수양의 기록이 담겨 있습니다. 그는 "훌륭한 사람이 어떠해야 하는지 말로만 떠들지 말고, 그런 사람이 되어라"라고 강조했습니다.

진정한 리더십의 핵심은 직위나 권한이 아닌 인격적 신뢰에 있습니다. 리더의 정직성과 일관성, 공정함이 조직의 성과와 구성원의 만족도에 직접적인 영향을 미친다는 것입니다. 특히 밀레니얼 세대와 Z세대 직장인들은 상사의 직위보다 인격을 더 중요하게 평가하는 것으로 나타났습니다.

성환의 변화는 점진적이었지만 확실했습니다. 처음에는 팀원들이 그의 변화를 의심의 눈초리로 바라보았지만, 시간이 지날수록 진정성을 인정하기 시작했습니다. 특히 주목할 만한 것은 그의 리더십 스타일 변화였습니다. 이전에는 성과와 실적만을 강조했다면, 이제는 팀원 각자의 성장과 발전에 더 관심을 기울였습니다.

그는 주간 회의 시간에 "이번 주에 배운 점은 무엇인가?"라는 질문으로 대화를 시작했고, 실수나 실패를 비난하지 않고 학습의 기회로 삼았습니다. 팀원들의 개인적인 어려움에도 귀 기울였고, 때로는 자신의 과거 실수나 실패 경험을 공유하며 진정성 있는 소통을 이어갔습니다.

놀랍게도 이러한 변화는 오히려 더 나은 업무 성과로 이어졌습니다. 팀원들은 더 이상 두려움이나 경쟁 때문이 아닌, 자발적인 동기부여로 일하기 시작했습니다. 실수를 숨기지 않고 빠르게 공유하면서 문제 해결 속도도 빨라졌고, 팀워크도 강화되었습니다.

성환은 이제 깨달았습니다. 진정한 성공이란 이력서에 적힐 화려한 경력이나 높은 직위가 아니라, 자신이 어떤 사람으로 성장했는가에 있다는 것을. 회사는 언제든 자신을 버릴 수 있어도, 쌓아온 인격과 신뢰는 평생의 자산이 된다는 것을. 그의 사례는 우리에게 중요한 질문을 던집니다. "당신은 어떤 사람으로 기억되고 싶은가?"

"야망은 자신의 행복을 다른 사람들이 말하거나 행동하는 데에 거는 것이고, 방종은 그것을 자신에게 일어나는 일들에 거는 것이다. 건전함은 그것을 자신의 행동에 거는 것이다."

—명상록 6장 51절

체크리스트

◇ 승진이나 연봉 인상 등 외적 커리어 성취에만 몰두한 나머지, 주위로부터 신뢰를 잃는 행동을 한 적은 없는가?

◇ 최근 직장에서 윤리나 원칙을 어겨서라도 성과를 내야 한다는 유혹을 느낀 적이 있다면, 어떻게 대응했는가?

◇ 내 이력서에 적히지 않지만 내가 갖춘 내적 역량(예: 성실함, 공감능력, 책임감)에는 어떤 것들이 있는가?

하루 실천법

오늘 업무 중 한 가지 상황에서 커리어보다 인격을 우선하는 선택을 해보세요. 예를 들어 실수한 부하직원을 엄하게 질책하기보다 함께 해결책을 찾거나, 공을 가로채기보다 담당자를 칭찬하는 모습을 보이는 것입니다. 작지만 이런 선택들이 쌓이면 주변의 신뢰를 얻게 될 것입니다.

성찰 질문

- 사람들이 내 이름을 떠올릴 때 직함이나 성과보다 어떤 인간적인 면을 기억해주길 바라는가?
- 그 면을 기르기 위해 나는 오늘 어떤 행동을 할 수 있을까?

습관을 만들다
작은 습관이 큰 변화를 만든다

14

"특별한 재능이 없다고 해도 상관없다. 너에겐 아직 깨닫지 못한 숨겨진 자질들이 있다. 성실, 존엄, 근면, 절제 같은 품성을 계발하라. 지금 이 순간, 불평하지 말고 검소하고 사려 깊고 솔직하며 온화하게 행동해보라. 그러면 내가 얼마나 많은 장점을 지닐 수 있는지 알게 될 것이다."

— 명상록 5장 5절

신입사원 시절 성과가 저조했던 윤정은 어떻게 하면 유능한 사람이 될지 고민했습니다. 그러다 우연히 아리스토텔레스의 명언을 접했습니다. "우리는 우리의 반복적인 행동의 산물이다. 탁월함은 행동이 아니라 습관이다." 이 말에 깊은 영감을 받은 윤정은 당장 거창한 변신보다는 작지만 좋은 습관부터 길러보기로 했습니다.

매일 아침 출근 즉시 책상 정리하기, 하루 업무를 5분 동안 미리 그려보기, 업무 중 모르는 것은 그날 바로 찾아 배우기 같은 사소하지만 유익한 습관들을 시작했습니다. 처음에는 이런 작은 변화들이 과연 의미가 있을까 의문이 들기도 했지만, 꾸준히 실천했습니다.

6개월이 지났을 때, 윤정은 자신의 업무 스타일이 눈에 띄게 달라진 것을 발견했습니다. 정돈된 책상처럼 그의 생각도 더 체계적으로 변했고, 매일 아침의 계획 수립은 업무의 우선순위를 명확히 하는 데 도움을 주었습니다. 특히 모르는 것을 그날 바로 해결하는 습관은 그의 전문성을 빠르게 성장시켰습니다.

마르쿠스 아우렐리우스는 매일 아침 자신의 생각과 행동을 기록하는 습관을 가졌습니다. 그는 이러한 일상적 성찰이 현명한 판단과 올바른 행동의 기초가 된다고 믿었습니다. 실제로 그의 《명상록》은 매일의 작은 실천이 어떻게 인격의 완성으로 이어지는지를 보여주는 증거입니다.

> "마음속으로의 은둔을 자주 활용하여 스스로를 새롭게 하라. 또한 삶의 원칙들은 간결하면서도 기본적인 것을 모두 포괄하도록 하라. 그 원칙들을 떠올리기만 해도 영혼이 즉시 정화될 것이다."
>
> ─명상록 4장 3절

한 연구에 따르면, 우리의 일상적 행동 중 약 40%는 의식적 결정이 아닌 습관에 따라 이루어진다고 합니다. 습관은 우리 뇌의 기저핵이라는 부위에 저장되어, 의식적 노력 없이도 자동적으로 실행되는 행동 패턴이 됩니다.

1년이 지난 후, 윤정은 팀에서 가장 신뢰받는 직원이 되어 있었습니다. 그의 변화는 단순히 업무 능력 향상을 넘어섰습니다. 정시 출근과 체계적인 업무 처리는 동료들 신뢰를 얻었고, 끊임없는 학습 습관은 그를 팀의 문제 해결사로 만들었습니다.

더욱 놀라운 것은 이러한 작은 습관들이 그의 삶의 다른 영역에도 영향을 미쳤다는 점입니다. 업무에서 기른 체계성은 개인 생활 정돈으로 이어졌고, 학습 습관은 새로운 취미 활동에도 적용되었습니다. 말 그대로 한 영역의 좋은 습관이 전체적인 삶의 질을 향상시킨 것입니다.

반대로 사소한 나쁜 습관의 누적 효과도 무시할 수 없습니다. 매일 10분씩 지각하는 습관, 마감을 자주 어기는 습관, 이메일 확인을 미루는 습관 등은 시간이 지날수록 신뢰도와 전문성에 큰 흠집을 내게 됩니다. 특히 직장생활에서는 이러한 작은 결함들이 결정적인 순간에 발목을 잡을 수 있습니다.

윤정의 성공 사례는 한 가지 중요한 교훈을 줍니다. 변화는 거창한 결심이나 일시적인 노력이 아닌, 작지만 지속적인 습관의 힘에서 온다는 것입니다. 우리가 매일 반복하는 작은 행동들이 모여 결국 우리의 정체성과 능력을 형성하는 것입니다.

이제 당신 차례입니다. 오늘부터 어떤 작은 습관을 시작해보시겠습니까? 그것이 1년 후, 5년 후의 당신을 어떻게 변화시킬지 상상해보세요. 아무리 작은 습관이라도, 그것이 옳은 방향을 향하고 있다면, 시간이 지날수록 놀라운 변화를 만들어낼 것입니다.

> "영혼은 그 생각의 빛깔로 물든다."
>
> —명상록 5장 16절

체크리스트

◇ 나의 하루 일과에서 자동으로 반복되는 습관 중 고치고 싶은 것은 무엇인가? (예: 늦잠, 업무 중 휴대폰 확인 등)

◇ 이루고 싶은 목표를 위해 내가 들이고 있는 작은 습관적 노력이 있는가? 있다면 얼마나 지속하고 있나?

◇ 새 습관을 만들 때 작심삼일로 끝났던 경험이 있다면, 그 원인은 무엇이었고 이번에는 어떻게 다르게 해볼 것인가?

하루 실천법

1일 1습관 실천표를 만들어보세요. 오늘부터 딱 한 가지 좋은 습관을 정해 7일 동안 매일 해보기로 합니다. 예컨대 '업무 시작 전 오늘 할 일 목록 작성'을 습관으로 정했다면, 7일 동안 매일 아침 목록을 적고 실천표에 체크 표시를 합니다. 일주일 후에 성공했다면, 스스로에게 작은 보상을 주고 다음 주에도 이어가세요.

성찰 질문

- 나는 일상에서 어떤 사소한 행동을 반복함으로써 지금의 내가 되었는가?
- 앞으로의 나는 어떤 행동을 반복하는 사람이 되고 싶은가?
- 지금 시작할 작은 습관은 무엇인지 생각해보자.

균형을 지키다
일과 삶의 균형 잡기

15

"평온을 원한다면 일을 적게 하라. 아니, 더 정확히 말하면 꼭 해야 할 일만 하라. 우리의 말과 행동 중 대부분은 꼭 필요한 것이 아니다. 그것들을 없앨 수 있다면 더 많은 시간과 더 깊은 평안을 얻을 것이다."

―명상록 4장 24절

대기업 과장인 성택은 매일 밤 10시가 넘어서야 퇴근하고 주말에도 업무 전화를 달고 살았습니다. 경쟁 사회에서 뒤처지지 않으려면 쉴 틈 없이 달려야 한다고 믿었기 때문입니다. 아침에 일어나면 첫 번째 행동이 이메일 확인이었고, 퇴근 후에도 업무 메시지에 즉각 대응하는 것이 당연했습니다.

그러던 어느 날, 초등학생 아들이 "아빠는 우리 집 손님 같아요"라는 말을 했습니다. 그 순간 성택은 자신이 얼마나 가족과 멀어져 있었는지 깨달았습니다. 주말 아침 골프 모임도, 저녁 회식도 모두 '인맥 관리'라는 명목하에 정작 가장 소중한 사람들과의 시간을 희생하고 있었던 것입니다.

> "너는 머지않아 네 자신을 존중할 기회조차 잃게 될 것이다. 그런데도 너는 자신을 돌보지 않고, 오히려 타인의 영혼에 네 행복을 의탁하고 있다."
>
> —명상록 2장 6절

마르쿠스 아우렐리우스는 매일 자신의 삶을 돌아보고 균형을 찾으려 노력했습니다. 그는 권력과 명예가 결국 허상이며, 진정한 행복은 자연의 이치에 따라 사는 것에 있다고 보았습니다. 현대의 우리에게 이 가르침은 더욱 절실합니다.

성택은 과감히 변화를 결심했습니다. 먼저 자신의 하루 24시간을 객관적으로 분석해보았습니다. 놀랍게도 많은 시간이 실제 필수적인 업무가 아닌, 습관적인 '업무 연장'에 쓰이고 있었습니다. 불필요한 회의, 끝없는 이메일 확인, 동료들과의 의례적인 술자리가 그의 시간을 잠식하고 있었던 것입니다.

변화는 작은 것부터 시작했습니다. 매일 아침 30분 일찍 일어나 가족과 함께 아침 식사를 하기로 했습니다. 퇴근 후에는 업무용 메신저를 끄고, 대신 아이들 숙제를 도와주는 시간을 가졌습니다. 주말에는 전화를 받지 않기로 했고, 대신 가족과 함께하는 활동을 계획했습니다.

처음에는 불안했습니다. 경쟁에서 뒤처질까 봐, 승진에서 밀릴까 봐 두려웠습니다. 하지만 놀랍게도 정해진 시간 안에 일을 마쳐야 한다는 압박감은 오히려 업무 효율을 높였습니다. 불필요한 회의는 줄이고, 중요한 일에 집중하게 되었습니다.

더 중요한 것은 삶의 질이 눈에 띄게 개선되었다는 점입니다. 규칙적인 생활과 가족과의 시간은 그의 정신 건강을 회복시켰고, 이는 다시 업무의 질적 향상으로 이어졌습니다. 주말에 충분히 재충전을 하고 나면, 월요일 아침이 더 이상 두렵지 않았습니다.

성택의 변화는 팀 문화에도 영향을 미쳤습니다. 그가 먼저 '퇴근 후에는 급한 일이 아니면 연락하지 않기'를 제안하자, 팀원들도 점차 일과 삶의 경계를 존중하기 시작했습니다. 회의는 더 효율적으로 진행되었고, 불필요한 야근은 줄어들었습니다.

아우렐리우스뿐 아니라 많은 지도자들이 일과 삶의 균형이 잡힌 사람들이 장기적으로 더 높은 성과를 낸다고 이야기합니다. 끊임없는 업무 스트레스는 창의성을 저해하고, 결국 번아웃으로 이어지기 때문입니다. 반면, 적절한 휴식과 다양한 생활 경험은 새로운 통찰력과 에너지를 제공합니다.

결국 일과 삶의 균형은 선택의 문제입니다. 당장의 성과나 인정보다, 장기적인 행복과 지속가능한 성장을 선택하는 것입니다. 마르쿠스 아우렐리우스가 말했듯이, 진정한 평온은 불필요한 것들을 덜어내고, 정말 중요한 것에 집중할 때 찾아옵니다.

"우주로부터 할당된 네 위치가 너무 작다고 불만인가? 그렇다면 지고지순한 섭리가 아니고는 원자 하나도 존재하지 않는다는 점을 상기하라. 그리고 더 이상 불평 말고 침묵하라."

―명상록 4장 3절

체크리스트

◇ 최근 1개월간 내 시간 사용을 돌아봤을 때 일과 개인생활 비중은 어떠한가? 한쪽으로 크게 치우치진 않았는가?

◇ 일이 바쁘다는 이유로 건강관리나 가족과의 시간을 지속적으로 미룬 적이 있는가? 그로 인해 후회되는 부분은?

◇ 내가 삶에서 가장 소중히 여기는 가치(예: 가족, 자기계발, 신앙 등)에 충분한 시간과 정성을 들이고 있는가?

하루 실천법

오늘은 퇴근 후 휴식 선언을 해보세요. 집에 돌아와서는 업무 이메일이나 메시지를 확인하지 않고, 대신 가족과 대화를 나누거나 혼자 조용히 음악을 듣는 등 마음을 풀어주는 활동을 합니다. 가능하다면 스마트폰 알림을 일정 시간 꺼두고 현재 생활에 집중해보세요.

성찰 질문

- 내 삶의 우선순위는 무엇이며, 실제로 나는 그 우선순위에 맞게 시간을 쓰고 있는가?
- 만약 일로 인해 다른 중요한 가치들이 희생되고 있다면, 장기적으로 볼 때 그 대가는 무엇일까?

과정을 믿다
성과에 연연하지 말고 과정에 충실하라

16

"남들이 무엇을 말하고 생각하든 개의치 말라.
네 자신의 말과 행동, 그리고 생각이 올바른지에
만 신경을 쓰라."

— 명상록 3장 4절

홍보팀에서 일하는 민재는 몇 달간 공들인 캠페인이 기대만큼 성과를 내지 못하자 크게 낙심했습니다. "내 노력이 무슨 소용이었지…", 자괴감에 빠진 그는 일할 의욕마저 잃을 지경이었죠. 밤낮으로 기획안을 수정하고, 수많은 미팅을 거치며 최선을 다했지만, 결과는 차가운 숫자로 그의 노력을 부정하는 듯했습니다.

그때 그를 위로하던 선배가 이런 말을 했습니다. "성과도 중요하지만, 그 과정에서 네가 배운 것들과 성장한 부분을 봐. 그게 다 남는 거야." 민재는 그제야 몇 달간의 시행착오 속에서 자신이 얻은 경험들을 돌아보았습니다. 데이터 분석 역량이 늘었고, 타 부서와의 협업 노하우도 쌓였으며, 위기 관리 능력도 향상되었습니다.

> "포도나무가 해마다 열매를 맺어도 자기 공로를 내세우지 않듯이, 선행을 했다면 그 결과에 연연해하지 말라."
>
> —명상록 5장 6절

마르쿠스 아우렐리우스는 결과는 운명이나 타인의 판단에 맡기고, 스스로 통제 가능한 노력과 덕행에 집중하라고 조언했습니다. 그는 로마 제국의 황제로서 수많은 중대한 결정을 내려야 했지만, 결과에 집착하기보다는 자신의 판단과 행동이 올바른지에 더 주의를 기울였습니다.

스탠포드 대학의 캐롤 드웩 교수는 '성장 마인드셋' 연구를 통해, 결과보다 과정에 초점을 맞추는 사람들이 장기적으로 더 큰 성취를 이룬다는 것을 밝혀냈습니다. 이들은 실패를 두려워하지 않고, 새로운 도전을 즐기며, 어려움을 성장의 기회로 받아들입니다.

민재는 점차 자신의 일을 바라보는 관점을 바꾸기 시작했습니다. 매일 아침 그날의 목표를 설정할 때, 단순히 "얼마나 많은 조회수를 기록할 것인가"가 아닌, "오늘 하루 어떤 가치 있는 시도를 할 것인가"를 고민했습니다. 실패한 캠페인의 교훈을 바탕으로, 그는 더 체계적인 데이터 분석 방법을 개발했고, 이는 팀 전체의 업무 방식을 개선하는 계기가 되었습니다.

특히 주목할 만한 것은 이러한 태도 변화가 그의 창의성을 해방시

켰다는 점입니다. 결과에 대한 두려움이 줄어들자, 그는 더 과감한 아이디어를 제안할 수 있게 되었습니다. '실패하면 어떡하지?'라는 불안 대신, '이 시도를 통해 무엇을 배울 수 있을까?'라는 호기심이 그를 이끌게 된 것입니다.

팀 내에서도 변화가 일어났습니다. 민재는 주간 회의에서 단순히 성과 수치를 나열하는 대신, 각 프로젝트에서 배운 점과 개선할 점을 공유하는 시간을 마련했습니다. 실패한 캠페인도 더 이상 숨기거나 변명할 대상이 아닌, 모두가 함께 배우는 사례 연구가 되었습니다.

이러한 과정 중심적 접근은 장기적으로 더 나은 결과로 이어졌습니다. 팀원들은 실수를 두려워하지 않고 더 혁신적인 시도를 할 수 있게 되었고, 실패로부터 배우는 문화가 형성되었습니다. 결과적으로 팀의 전반적인 성과도 향상되었지만, 더 중요한 것은 모든 구성원들이 자신의 일에서 더 큰 의미와 보람을 찾게 되었다는 점입니다.

마르쿠스 아우렐리우스가 말했듯이, 포도나무는 열매를 맺어도 자랑하지 않습니다. 그저 자신의 본성에 따라 최선을 다할 뿐입니다. 우리도 결과에 집착하기보다는, 매 순간 최선을 다하고 그 과정에서 배우며 성장하는 데 집중한다면, 결과는 자연스럽게 따라올 것입니다.

> "선행을 했다면 그것으로 충분하다. 추가 보상을 바라지 말라."
>
> ─명상록 9장 42절

체크리스트

◇ 최근에 결과가 기대에 못 미쳐 스스로를 심하게 책망한 적이 있는가? 그때 과정에서 얻은 배움은 무엇이었나 돌아봤는가?

◇ 어떤 일을 할 때 오직 결과만 바라보느라 정작 그 일을 수행하는 순간의 경험과 성장 기회를 놓치고 있지는 않은가?

◇ 내가 통제할 수 없는 영역(타인의 반응, 외부 조건) 때문에 좌절하기보다는, 통제 가능한 노력에 집중하겠다는 다짐을 한 적이 있는가?

하루 실천법

오늘 해야 할 일 중 하나를 선택해 과정 목표를 설정합니다. 예컨대 '프레젠테이션 완벽히 마치기' 대신 '프레젠테이션 준비를 위해 자료 3개 조사하고 연습 2번 하기'처럼 과정을 구체적으로 정해서 실행해보세요. 일이 끝난 후에는 결과와 상관없이 "내가 오늘 이 과정을 통해 무엇을 배웠는가"를 노트에 써봅니다.

성찰 질문

- 결과에 대한 집착을 내려놓는다면, 지금 내가 하는 일에서 무엇을 배우고 어떻게 성장하고 있는지가 더 잘 보이지 않을까?
- 5년 후 돌아봤을 때 남는 것은 결과 자체일까, 아니면 그 일을 해낸 과정에서의 경험과 역량일까?

Meditation

"인간은 모두 동료 시민이고, 전 세계는 하나의 도시다. 가장 가까운 이들과도 자연의 법칙에 따라 친화적으로 대하라."
— 명상록 4장 4절

인간관계와 공동체

함께 성장하는 법

포용을 배우다
모두가 실수한다, 관대하라

17

> "만약 누군가 사회에 해를 입혔다 해도, 결코 그를 향해 분노하지 말고 잘못된 점을 찾아 바로잡아 주어라."
>
> ―명상록 6장 50절

팀 동료 민섭은 프로젝트 중 실수로 팀에 큰 손실을 입혔고, 그로써 몹시 위축되어 있었습니다. 중요한 고객 데이터를 잘못 처리하여 수천만 원 비용이 발생한 것입니다. 팀장인 윤희는 처음에는 화가 치밀었지만, 잠시 숨을 고르고 자신의 과거를 돌아보았습니다. 10년 전, 신입사원이었던 그녀 역시 비슷한 실수를 저질렀던 기억이 떠올랐습니다.

당시 그녀의 상사는 놀랍게도 화를 내는 대신 "실수는 누구나 할 수 있어. 중요한 건 이걸 어떻게 해결하고 배워갈 것인가야"라고 말했습니다. 그 믿음과 지지가 있었기에 윤희는 좌절하지 않고 더 성장할 수 있었습니다. 이제 그녀가 그때의 상사와 같은 입장이 된 것입니다.

마르쿠스 아우렐리우스는 로마 제국의 황제로서 수많은 신하들의 실수와 마주해야 했습니다. 하지만 그는 분노하거나 처벌하기보다는, 먼저 그들의 입장을 이해하려 노력했습니다. 그의《명상록》에는 이에 대한 많은 구절이 있습니다.

> "인간은 서로를 위해 태어났다. 누군가 잘못을 범했다면 그에게 일러주거나, 그렇지 못하겠다면 기꺼이 참아주어라."
>
> ─명상록 8장 59절

"다른 이의 잘못을 볼 때마다, 나 자신은 얼마나 많은 잘못을 저지르는지 돌아보라"는 말입니다. 이러한 태도는 상대방을 위한 것인 동시에 자기 자신을 위한 지혜라고 할 수 있습니다.

윤희는 민섭에게 다가가 조용히 말했습니다. "누구나 실수는 해. 중요한 건 똑같은 실수를 반복하지 않도록 배우는 거야. 나도 예전에 큰 실수를 했었단다." 그리고 그녀는 자신의 경험을 진솔하게 나누었습니다. 민섭의 굳어 있던 표정이 조금씩 풀어지기 시작했습니다.

모임을 이루고 발전시켜가는 과정에서도 이러한 태도, 조직 문화는 중요합니다. 실수에 대한 조직의 반응은 그 조직의 혁신 능력과 직접적인 관련이 있기 때문입니다. 실수를 엄격히 처벌하는 조직에서는 구성원들이 새로운 시도를 두려워하고, 문제가 생겨도 숨기려합니다. 반면 실수를 학습의 기회로 보는 조직에서는 더 창의적이고 적극적인 문제 해결이 이루어집니다.

윤희는 이 사건을 계기로 팀 전체 문화를 바꾸기로 결심했습니다. 먼저 '실수 공유 세션'을 도입했습니다. 주간 미팅에서 팀원들이 자신의 실수나 시행착오를 공유하고, 그로부터 배운 점을 나누는 시간을 가진 것입니다. 처음에는 어색해했지만, 점차 팀원들은 이 시간을 통해 서로를 더 깊이 이해하게 되었습니다.

더 놀라운 변화는 팀의 성과에서 나타났습니다. 실수를 두려워하지 않게 되자, 팀원들은 더 혁신적인 아이디어를 제안하기 시작했습니다. 문제가 생겼을 때도 더 빨리 보고하고 해결방안을 찾았습니다. 민섭의 경우, 그 실수를 계기로 더 체계적인 데이터 관리 시스템을 구축하는 프로젝트를 주도했고, 이는 팀 전체의 업무 효율을 크게 개선했습니다.

관용이 무조건적인 용서를 의미하는 것은 아닙니다. 윤희는 여전히 실수에 대한 책임은 분명히 물었습니다. 하지만 그 방식이 달랐습니다. 비난이나 처벌이 아닌, 개선과 성장에 초점을 맞춘 것입니다. "이런 실수를 어떻게 예방할 수 있을까?", "이 경험을 통해 우리가 배울 수 있는 것은 무엇일까?"와 같은 질문들이 팀의 대화를 이끌었습니다.

실수를 대하는 우리의 태도는 결국 인간을 어떻게 바라보는지와 연결됩니다. 완벽한 인간은 없습니다. 우리 모두는 실수하고, 배우고, 성장하는 존재입니다. 마르쿠스 아우렐리우스가 말했듯이, 우리는 서로를 위해 태어났습니다. 서로의 불완전함을 이해하고 받아들일 때, 우리는 더 강하고 지혜로운 공동체가 될 수 있습니다.

> "그들은 나와 마찬가지로 이성과 신성의 파편을 지닌 동족이다. 그러므로 그들은 내게 해를 끼칠 수 없고, 나 역시 내 친족인 그들에게 화내거나 미워할 수 없다."
>
> ―명상록 2장 1절

체크리스트

◇ 누군가의 실수를 보았을 때 즉각적으로 비난부터 하고 있지는 않은가?

◇ 나는 과거에 실수했을 때 어떤 대우를 받았으며, 그때 나에게 힘이 되었던 태도는 무엇이었나?

◇ 가족이나 동료의 작은 허물에 짜증내기보다 웃어넘기거나 이해하려 한 최근 사례가 있는가?

하루 실천법

오늘 하루 "괜찮아, 그럴 수도 있지"를 자주 말해보세요. 상대가 사소한 잘못이나 실수를 했을 때 곧장 지적하기보다는 "나도 가끔 그래" 혹은 "한번 실수할 수도 있죠" 같은 말로 받아넘기는 연습을 합니다. 그리고 마음속으로 상대를 탓하는 대신 이해의 입장을 가져봅니다.

성찰 질문

- 내가 다른 사람의 허물에 엄격한 편이라면, 그 이유는 무엇일까?
- 나 자신에게도 혹독하기 때문은 아닐까?
- 완벽하지 않은 인간임을 서로 받아들일 때 관계가 어떻게 달라질지 생각해보자.

이해를 넓히다
경청하고 공감하기

18

"섹스투스에게서 나는 항상 온화하고 친절하게 사람들의 말을 끝까지 들어주는 법을 배웠다. 그는 무지한 이들이 경솔하게 내뱉는 말에도 화내지 않고 모든 사람을 그들 필요에 따라 친절히 대하였다."

―명상록 1장 9절

영업팀장 수진은 팀원들과 면담할 때면 5분도 안 돼 끼어들어 자신의 의견을 말하곤 했습니다. 그녀는 늘 해결책을 제시하는 것이 리더의 역할이라 믿었고, 빠른 판단과 조언이 효율적이라 생각했습니다. 그 결과 팀원들은 마음을 잘 열지 않았고, 소통이 겉돌았습니다.

변화의 계기는 우연히 참석한 리더십 워크숍에서 왔습니다. 강사가 "진정한 리더십은 말하는 것이 아닌 듣는 것에서 시작된다"고 했을 때, 수진은 자신의 모습을 돌아보게 되었습니다. 그동안 그녀는 얼마나 많은 이야기를 놓쳐왔을까요?

뒤늦게 문제를 깨달은 수진은 "이번엔 제대로 들어주자" 결심하고 한 명 한 명과 조용히 대화를 나눴습니다. 의식적으로 고개를 끄덕이고 맞장구치며 상대에게 끝까지 말할 시간을 주었고, 궁금한 점은 되묻고 이해하려 애썼습니다.

> "어머니께 배운 것은… 언제나 잔인한 말과 행동을 경계하고, 남의 악행을 일으키는 악한 마음조차 삼가시는 넓은 이해심이었다."
>
> —명상록 1장 3절

마르쿠스 아우렐리우스는 황제로서 권위만을 내세우지 않았습니다. 신하들 이야기를 경청하는 것의 중요성을 항상 강조했고 실천했습니다. 그는 "상대방의 영혼을 내 영혼과 같이 바라보라"고 하며, 타인을 진정으로 이해하려 노력했습니다. 이는 단순한 정치적 기술이 아닌, 인간에 대한 깊은 이해와 존중에서 비롯된 것이었습니다.

경청의 힘의 중요성은 아무리 강조해도 부족함이 없습니다. 사람들은 자신의 이야기를 충분히 들어주는 상대방에게 더 큰 신뢰를 형성하고, 더 깊은 수준의 대화를 나누게 됩니다. 이론이 아닙니다. 저에게도 이 원리는 그대로 적용됩니다. 특히 주목할 만한 것은 '치료적 경청'의 효과입니다. 상담 심리학자들은 단순히 듣기만 해도 상대방의 스트레스가 감소하고 문제 해결 능력이 향상된다는 점을 강조합니다.

  수진의 변화는 팀 전체에 영향을 미쳤습니다. 팀원들은 서서히 속마음을 터놓기 시작했고, 그동안 숨겨왔던 창의적 아이디어들도 공유하기 시작했습니다. 특히 주목할 만한 것은 어려운 문제에 직면했을 때의 변화였습니다. 이전에는 문제가 생기면 숨기거나 변명하기 바빴지만, 이제는 더 빨리 보고하고 함께 해결책을 모색하게 되었습니다.

  한 달이 지난 후, 수진은 팀 미팅의 형식도 바꾸었습니다. 그동안의 일방적인 업무 보고 대신, 각자의 고민과 아이디어를 나누는 '라운드테이블' 방식을 도입했습니다. 미팅 시간은 조금 더 길어졌지만, 팀의 응집력과 창의성은 눈에 띄게 향상되었습니다.

  더 놀라운 것은 이러한 경청의 태도가 그녀의 개인적인 관계에도 영향을 미쳤다는 점입니다. 가족들과의 대화에서도 더 이상 성급한 조언이나 판단을 하지 않게 되었고, 그저 들어주는 것만으로도 많은 문제가 자연스럽게 해결되는 것을 경험했습니다.

  진정한 경청은 단순히 침묵하는 것이 아닙니다. 그것은 상대방의 말 속에 담긴 감정과 의도를 이해하려는 적극적인 노력입니다. 때로는 침묵이, 때로는 적절한 되묻기가, 때로는 따뜻한 공감의 말 한마디가 필요합니다. 마르쿠스 아우렐리우스가 보여준 것처럼, 이러한 이해와 존중의 태도는 모든 인간관계의 기초가 됩니다.

"아버지께 배운 것은… 설령 의례를 소홀히 하는 이가 있어도 늘 변함없이 관대하라는 것이었다."

—명상록 1장 16절

체크리스트

◇ 대화 중 상대의 말이 끝나기도 전에 내 이야기나 조언부터 꺼내고 있지는 않은가?

◇ 주변에서 나에게 "얘기 좀 들어봐", "좀 내 말도 들어줬으면"이라는 피드백을 받은 적이 있는지 돌아보자.

◇ 누군가의 감정을 공감하기보다 "그건 이렇잖아" 하며 판단하거나 논리로 대응하는 습관이 있지는 않은가?

하루 실천법

오늘 만나는 사람과의 대화에서 3초 멈추기를 실천하세요. 상대방이 말을 마쳤다고 느껴진 후에도 3초 정도 곧장 답하지 말고 여유를 두어보세요. 그리고 "네가 그런 일을 겪었다니 나도 마음이 무겁다" 같은 공감의 한마디를 먼저 건넵니다. 의식적으로 대화를 이렇게 이끌어보며 변화를 느껴보세요.

성찰 질문

- 나는 진정한 의미에서 상대의 말을 듣고 있는가, 아니면 듣는 척하며 내 생각만 준비하고 있는가?
- 내게 한 시간이 주어진다면, 사랑하는 사람의 이야기를 조용히 들어주는 데 얼마나 할애할 수 있을지 자문해보자.

감정을 다스리다
분노는 잠시 미뤄라

19

"그는 분노를 비롯한 어떠한 감정의 동요도 얼굴에 드러내지 않았으며,
　언제나 평온하면서도 매우 다정했다."

―명상록 1장 7절

서울의 한 응급실, 늦은 밤.

의사 윤미는 술에 취한 채 난동을 부리는 환자를 마주했습니다. 욕설과 위협이 쏟아졌고, 그의 손에는 깨진 소주병이 들려 있었습니다. 순간 윤미의 심장이 빠르게 뛰기 시작했고, 분노가 치밀어올랐습니다. 15시간째 이어진 근무로 이미 지친 상태였기에 더욱 그랬습니다.

하지만 윤미는 잠시 눈을 감았습니다. 깊은 숨을 세 번 들이마시며 마음속으로 중얼거렸습니다.

"이 순간도 지나갈 거야. 내가 지금 할 수 있는 최선은 무엇일까?"

우리는 일상에서 억울함과 화, 분노의 감정을 마주하는 순간들을 경험합니다.

국가의 정치, 경제 지도자들이 불의를 행하며 사익을 취할 때,

회사에서 동료가 자신의 공로를 가로챘을 때,

운전 중 갑자기 끼어든 차를 마주했을 때,

아이가 말을 듣지 않고 떼를 쓸 때,

배우자가 약속을 어겼을 때….

우리는 매일 크고 작은 분노의 순간들과 마주합니다. 그리고 그 순간마다 선택을 합니다. 즉각적으로 반응할 것인가, 아니면 잠시 멈춰 설 것인가.

분노는 인간이라면 누구나 느끼는 감정이지만, 다스리지 않으면 결과가 더 해로울 수 있습니다. 마르쿠스 아우렐리우스는 "분노로부터 생기는 해악은, 그 분노를 일으킨 원인보다 크다"고 경고했습니다. 순간적인 화를 못 이겨 내뱉은 말이나 저지른 행동 때문에 관계가 파탄나거나 돌이킬 수 없는 손실을 입는 경우가 많습니다.

신경과학자들은 분노가 발생하는 순간을 정확히 추적했습니다. 위협이나 부당함을 감지하면 우리 뇌의 편도체가 즉각 반응하여 아드레날린을 분비합니다. 심장박동이 빨라지고, 근육이 긴장하며, 호흡이 가빠집니다. 이는 우리의 생존을 위한 자연스러운 반응입니다.

하지만 여기서 중요한 것은 '시간차'입니다. 신경학자들은 이성적 판단을 담당하는 전두엽이 작동하기까지는 약 6초가 걸린다고 합니

다. 이 짧은 순간이 바로 우리가 활용할 수 있는 '황금시간'인 거지요.

응급실로 돌아가보겠습니다.

윤미는 그 6초를 활용했습니다. 깊은 호흡을 하는 동안, 그는 환자의 행동 이면에 있을 고통과 두려움을 떠올렸습니다. 마음을 가라앉히고 부드럽지만 단호한 목소리로 말했습니다.

"많이 힘드신 것 같네요. 제가 도와드리고 싶습니다. 하지만 그러려면 먼저 그 병을 내려놓으셔야 해요."

긴장된 순간이 이어졌지만, 결국 환자는 병을 내려놓았습니다. 위기는 지나갔고, 적절한 치료가 시작될 수 있었습니다.

분노를 다스리는 것은 단순히 감정을 억누르는 것이 아닙니다. 그것은 더 현명한 반응을 위한 '선택의 여지'를 만드는 것입니다. 마르쿠스 아우렐리우스는 이를 잘 알고 있었습니다. 그는 분노를 완전히 없애려 하지 않았습니다. 대신 그것을 관찰하고, 이해하고, 현명하게 다루는 법을 가르쳤습니다.

윤미의 사례는 이러한 접근이 실제 상황에서 어떻게 작동하는지 보여줍니다. 그는 분노를 느꼈지만, 그것에 휘둘리지 않았습니다. 대신 잠시 멈추어 서서, 더 나은 선택을 할 수 있는 공간을 만들었습니다.

분노 관리는 마라톤과 같습니다. 하루아침에 완성되지 않습니다. 그것은 매일의 작은 실천들을 통해 천천히, 그러나 확실하게 발전합니다.

시작은 자기 인식입니다. 어떤 상황이 나를 가장 화나게 만드는가? 그때 내 몸은 어떤 신호를 보내는가? 이러한 이해는 더 나은 대응의 첫걸음이 됩니다.

다음은 '일시 정지' 버튼을 만드는 것입니다. 각자에게 맞는 방법을 찾아야 합니다. 누군가에게는 깊은 호흡이, 다른 이에게는 잠시 자리를 피하는 것이, 또 다른 이에게는 차 한 잔이 그 버튼이 될 수 있습니다.

그리고 마지막으로, 분노 너머를 보는 연습입니다. 화가 나는 상황에서도 다른 관점을 찾아보는 것, 상대 입장을 이해하려 노력하는 것, 그리고 이 순간이 얼마나 일시적인지를 기억하는 것입니다.

> "머지않아 너도 죽고 그도 죽을 것이다.
> 잠깐 있다 사라질 일로 그렇게 화를 낼 필요가 있을까?"
>
> ─명상록 4장 3절

체크리스트

◇ 화가 나는 상황에서 즉각적으로 큰소리치거나 공격적인 행동을 한 뒤 후회한 적이 있는가?

◇ 내 분노의 방아쇠(Trigger)는 주로 어떤 것인지 인지하고 있는가?
(예: 무시당하는 느낌, 불공정한 대우 등)

◇ 화날 때 나만의 진정 루틴(심호흡, 물 마시기, 자리 뜨기 등)을 가지고 있는가?

하루 실천법

'10초 규칙'을 적용해보세요. 오늘 하루 불쾌한 일이 생겨서 화가 치밀면 바로 말이나 행동에 옮기지 말고 속으로 10까지 천천히 셉니다. 그동안 심호흡을 크게 세 번 하며 자신에게 "괜찮아, 일단 진정하자"라고 말해보세요. 그리고 필요한 경우 나중에 가라앉은 마음으로 대응합니다.

성찰 질문

- 나는 감정이 격해졌을 때 이성을 잃는 편인가?
- 만약 그렇다면 그것이 내 삶에 가져온 불이익은 무엇이었을까?
- 다음번 비슷한 상황에서 좀 더 침착히 대응한다면 어떤 다른 결과를 얻을 수 있을까?

신뢰를 쌓다
말보다 행동으로 신뢰 얻기

20

"선한 사람이 어떠해야 하는지 더 이상 말로 떠들지 말고 그런 사람이 되어라."

―명상록 10장 16절

금요일 오후 4시, 서울의 한 회의실.
"이번에야말로 확실히 하겠습니다!"

프로젝트 리더 유석의 힘찬 선언에 팀원들은 무표정했습니다. 세 번째 들어보는 말이었기 때문입니다. 이전의 약속들은 모두 지켜지지 않았고, 팀원들 신뢰는 이미 바닥을 친 상태였습니다.

약속은 미래에 대한 선언입니다. 그러나 그 선언이 의미를 가지려면, 과거의 행동이 그것을 뒷받침해야 합니다. 유석의 사례는 말의 무게와 실천의 중요성을 잘 보여줍니다.

약속을 실천한다는 것은 종종 불편함과 희생을 동반합니다. 퇴근 시간이 임박했을 때 걸려온 고객의 전화, 바쁜 와중에 도움을 요청하는 동료, 주말 계획을 포기해야 하는 긴급 상황…, 이런 순간들이 우리의 진정성을 시험합니다.

"잠깐만요, 제가 먼저 해보겠습니다."

새로운 시스템 도입으로 모두가 어려워하던 때, 한 팀장의 말이 회의실을 가로질렀습니다. 그는 주말 동안 시스템을 직접 사용해보고 매뉴얼을 작성했습니다. 이후 팀원들의 적응은 놀라울 정도로 빨라졌습니다.

이것이 바로 솔선수범의 힘입니다. 말로 하는 지시는 저항을 낳지만, 행동으로 보여주는 리더십은 자발적인 동참을 이끌어냅니다.

> "말을 많이 하지 말고, 선한 행위를 하라. 한 번 선행을 했다면 곧 다음 선행으로 나아가라."
>
> —명상록 5장 6절

매일 아침 7시, 한 공장의 조명이 켜집니다.

30년 차 공장장 김태준은 언제나 직원들보다 먼저 출근합니다. 그의 낡은 작업복은 현장의 기계만큼이나 많은 이야기를 담고 있습니다. 그는 직원들에게 안전을 강조하면서, 스스로도 단 한 번도 안전수칙을 어긴 적이 없었습니다.

"우리 공장장님은 말씀이 많은 분은 아니에요. 하지만 등 뒤로 따라오는 사람이 많죠."

한 베테랑 직원의 증언입니다. 이것이 바로 진정한 신뢰의 모습입니다.

신뢰는 거창한 비전이나 화려한 말솜씨가 아닌, 일상의 작은 실천들로 쌓입니다. 정시 출근, 약속 준수, 책임 완수, 원칙 고수…, 이런 평범해 보이는 행동들이 모여 비범한 신뢰를 만듭니다.

실제로 한 연구에 따르면, 조직 내 신뢰도가 높은 리더들의 공통점은 '말과 행동의 일치'였습니다. 그들은 큰 약속보다 작은 실천을, 화려한 비전보다 구체적인 행동을 중시했습니다.

유석의 이야기로 돌아가보겠습니다.

그는 변화를 결심했습니다. 먼저 자신이 지킬 수 있는 약속만 하기 시작했습니다. 팀원들에게 요구하기 전에 스스로 모범을 보였고, 실수했을 때는 즉시 인정하고 책임졌습니다.

변화는 천천히 찾아왔습니다. 6개월이 지났을 때, 한 팀원이 말했습니다.

"요즘 유석 팀장님 많이 달라지셨어요. 이제 팀장님 말씀이라면 믿고 따를 수 있을 것 같아요."

신뢰는 시간이 걸리지만, 그만한 가치가 있습니다. 그것은 어떤 직함이나 권한보다도 강력한 리더십의 기초가 되기 때문입니다.

"그는 누군가를 칭찬할 때 과장이 없었으며, 단

한 번도 자신의 해박함을 과시하는 일이 없었다."

―명상록 1장 7절

체크리스트

◇ 나는 약속 시간이나 마감을 얼마나 잘 지키는 편인가? 지키지 못한 경우 어떻게 대응했는가?

◇ 내가 중요하게 여기는 가치나 원칙을 실제 행동에서 일관되게 보여 주고 있는가? (예: 정직이 중요하다면 작은 거짓말도 피하기 등)

◇ 가족이나 동료에게 무언가 바랄 때, 나는 먼저 모범을 보이며 그 기대를 충족하고 있는가?

하루 실천법

오늘 한 가지 약속을 철저히 지켜보세요. 동료와의 약속이든 가족과의 약속이든, 작은 것이라도 꼭 시간과 내용을 지킵니다. 만약 지키기 어려운 약속이 생기면 숨기거나 어기는 대신, 미리 솔직히 말하고 양해를 구해보세요. 정직한 설명만으로도 신뢰를 잃지 않을 수 있습니다.

성찰 질문

- 내 말과 행동이 일치하지 않아 신뢰를 잃었던 경험이 있는가?
- 반대로 묵묵히 행동함으로써 신뢰를 얻은 순간은 언제였나?
- 지금 내 주변 사람들은 나를 언행일치가 되는 사람으로 볼까, 그렇지 않다면 무엇을 고쳐야 할까?

거리를 두다
유독한 인간관계 단절하기

21

> "누군가 너를 비방하거나 싫어하더라도 결코 분노하지 말고,
>
> 조용히 그에게서 물러나라."
>
> —명상록 6장 30절

"오늘은 어떠셨어요?"

상담실의 조용한 공기를 가르며 상담사가 물었습니다.

"드디어… 했어요. 10년지기 친구와 결별을….''

석영의 목소리가 살짝 떨렸습니다.

"어떤 기분이 드시나요?"

"죄책감과… 묘한 해방감이 공존하는 것 같아요."

누구나 한 번쯤 이런 순간을 맞이합니다. 오랜 관계를 정리해야 할지, 아니면 계속 붙들고 가야 할지 고민하는 순간. 때로는 가까운

사람이 우리 삶의 가장 큰 독이 되기도 합니다.

카페에서 친구와 마지막 대화를 나누던 날, 석영은 마음 한켠이 무너지는 것을 느꼈습니다.

"너는 왜 그렇게 이기적이니?"

"네가 성공하면 난 더 초라해질 것 같아."

친구의 말들이 날카로운 비수처럼 그녀의 가슴을 찔렀습니다.

우리는 종종 관계를 지키기 위해 자신을 희생합니다. 상대의 부정적인 말과 행동을 견디며, 그것을 우정이나 의리의 이름으로 포장합니다. 하지만 언제까지 그래야 할까요?

> "다른 사람이 너에게 잘못을 저지르고 있는가?
> 그것은 네 문제가 아니라 그의 문제다."
>
> ─명상록 8장 25절

한 달이 지났습니다.

"요즘은 아침에 일어나면 더 이상 그 친구의 연락을 확인하지 않아도 된다는 안도감이 들어요. 전에는 그 친구의 기분을 맞추느라 제 일상이 좌우됐거든요."

삶은 때로는 과감한 선택을 요구합니다. 마치 정원사가 건강한 나무의 성장을 위해 썩은 가지를 잘라내듯, 우리에게도 가끔은 유독한 관계를 정리할 용기가 필요합니다.

"그런데 주변에서는 이해를 못하더라고요. '오래된 친구인데 어떻게 그럴 수 있냐'고…."

"관계의 길이가 아닌 질을 보셨네요."

상담사 말에 석영은 고개를 끄덕였습니다.

시간이 흐를수록 석영의 일상은 변화했습니다. 더 이상 누군가의 부정적인 에너지에 휘둘리지 않게 되었고, 자신을 진정으로 지지해주는 사람들과의 관계에 더 많은 시간을 투자할 수 있게 되었습니다.

"지금은 어떠신가요?"

"마치… 오랫동안 무거운 배낭을 메고 있다가 내려놓은 것 같아요. 처음에는 허전했지만, 이제는 그 공간에 새로운 것들이 채워지는 걸 느껴요."

관계 정리는 끝이 아닌 시작입니다. 그것은 자신을 더 사랑하고, 진정한 관계의 의미를 되새기는 여정의 출발점이 될 수 있습니다.

당신의 주변에도 이런 관계가 있나요?

만날 때마다 에너지가 고갈되는 사람

항상 부정적인 말만 하는 사람

당신의 성장을 시기하는 사람

당신의 자존감을 갉아먹는 사람

그렇다면 지금이 바로 그 관계를 되돌아볼 때일지도 모릅니다.

"다른 이의 악행이 너의 선함을 해치지 못하게 하라."

—명상록 7장 15절

체크리스트

◇ 어떤 사람을 만난 후 특히 기운이 빠지거나 자신에 대해 나쁜 감정을 느끼게 된 적이 있는가?
◇ 그런 관계가 지속적이라면 이유는 무엇인가?
◇ 상대방이 일방적으로 나를 소비하거나 나에게 의존하기만 하는 관계를 맺고 있지는 않은가?
◇ 모든 관계를 유지해야 한다는 압박감에 시달리며 정작 내 정신건강을 해치는 인연을 붙들고 있지는 않은지 돌아보자.

하루 실천법

오늘은 관계 노트를 만들어보세요. 가까운 사람들 이름을 적고, 각 사람과 만난 후 내 기분이나 에너지 변화를 기록합니다. 며칠 혹은 몇 주 반복해보면 어떤 관계가 나에게 긍정적이고 어떤 관계가 부정적인 영향이 큰지 보일 것입니다. 그 결과를 토대로 앞으로 줄일 관계와 집중할 관계를 구분해보세요.

성찰 질문

- 혹시 정리해야겠다고 느끼면서도 망설이는 인간관계가 있는가?
- 무엇이 나를 망설이게 하나(죄책감, 두려움 등)?
- 그 관계를 계속 끌고 갈 때와 과감히 정리할 때, 내 삶의 질은 어떻게 달라질지 상상해보자.

사랑을 실천하다
가족에게도 철학이 필요하다

22

"인간은 모두 동료 시민이고, 전 세계는 하나의 도시다. 가장 가까운 이들과도 자연의 법칙에 따라 친화적으로 대하라."

─명상록 4장 4절

퇴근길 지하철, 피곤에 절어 집으로 향하던 그때였습니다. 문득 오늘 아침 딸의 말이 귓가에 맴돌았습니다. "아빠는 왜 맨날 화만 내?" 영진은 그제야 자신의 모습을 돌아보게 되었습니다. 회사에서는 침착하고 이성적인 자신이 집에서는 왜 이렇게 달라지는 걸까요?

그는 문득 자신이 '가족'이라는 이름으로 많은 것을 당연하게 여겨왔다는 걸 깨달았습니다. 업무 메일은 항상 즉각 답장하면서, 아내의 메시지는 나중에 확인하겠다며 미뤄두었습니다. 직장 동료의 말은 끝까지 경청하면서, 아이 이야기는 중간에 자르고 훈계부터 했습니다. 중요한 회의는 절대 놓치지 않으면서, 아이의 학부모 상담은 몇 번이나 취소했었죠.

"가족이니까 이해해주겠지."

이 말은 얼마나 많은 무책임과 소홀함을 정당화해왔을까요?

> "나의 양부에게서 가정에 대한 진실한 애정과 이성적인 절제를 배웠다. 그는 가족을 깊이 사랑하면서도 자신의 책임과 원칙을 결코 저버리지 않았다."
>
> ―명상록 1장 16절

마르쿠스 아우렐리우스는 로마 제국을 다스리는 황제이면서도 가정에서의 역할을 소홀히 하지 않았습니다. 그는 가족에 대한 사랑과 책임이 균형을 이루어야 한다고 보았습니다. 단순히 감정적인 애착이나 의무감이 아닌, 진정한 이해와 존중을 바탕으로 한 관계를 만들어가야 한다고 믿었죠.

우리는 종종 가정을 '쉬는 공간'으로만 여깁니다. 하지만 역설적이게도 가정이야말로 가장 깊은 철학이 필요한 곳인지도 모릅니다. 서로 다른 개성을 가진 사람들이 함께 살아가며 성장하는 공간이기 때문입니다. 그곳에서 우리는 사랑하는 법, 존중하는 법, 함께 성장하는 법을 배웁니다.

영진은 변화를 결심했습니다. 먼저 딸에게 진심어린 사과를 했습니다. "아빠가 많이 부족했구나. 앞으로는 더 좋은 아빠가 되도록 노력할게." 그리고 아내와도 허심탄회한 대화를 나누었습니다. 서로의 기대와 아쉬움을 나누면서, 그들은 새로운 가족의 모습을 그려나갔습니다.

변화는 작은 것에서 시작되었습니다. 퇴근 후 30분은 온전히 가족과의 대화 시간으로 정했습니다. 주말 아침은 딸과 함께 조깅을 하며 이야기를 나누었고, 저녁에는 아내와 산책을 하며 하루를 정리했습니다. 처음에는 어색했지만, 시간이 지날수록 이런 순간들이 그들 모두에게 소중한 선물이 되었습니다.

무엇보다 큰 변화는 영진 자신의 마음가짐이었습니다. 더 이상 가정을 '당연한 것'으로 여기지 않게 되었습니다. 매일 아침 출근하기 전, 가족들 얼굴을 한 번 더 보게 되었고, 퇴근길에는 오늘 나눌 이야기를 생각하며 미소 짓게 되었습니다.

완벽한 가정은 없습니다. 하지만 함께 성장하는 가정은 있습니다. 그리고 그 성장의 시작은 바로 '가족에게도 철학이 필요하다'는 깨달음에서 비롯됩니다.

> "친구들과 오래 사귀고 그들을 보호하되,
> 지나치게 애정을 남발하지도 않았다."
>
> —명상록 1장 16절

체크리스트

◇ 회사나 사회에서만큼 가정에서도 최선을 다하고 있는가, 아니면 가족이니까 하고 소홀히 대하고 있진 않은가?

◇ 부모 혹은 배우자로서 나만의 원칙이 있는가?(예: 약속 어기지 않기, 아이 앞에서 언행 조심하기 등) 있다면 잘 지키고 있는지, 없다면 무엇을 지향하고 싶은가?

◇ 가족과 가치관이나 생활 태도에 대해 깊이 이야기 나눠본 적이 언제인가? 서로 어떻게 살고 싶은지 대화로 공유한 적이 있는가?

하루 실천법

오늘 가족과 가치 대화를 나눠보세요. 식사 시간이나 산책하는 중에 각자가 생각하는 우리 가족의 좋은 점 한 가지와 개선하고 싶은 점 한 가지를 말해봅니다. 모두의 의견을 듣고 "앞으로 이것만은 함께 해보자" 싶은 하나의 약속을 정해보세요. 예를 들어 '매주 일요일 저녁은 가족 영화 보기'처럼 작지만 지켜볼 만한 규칙을 세워봅니다.

성찰 질문

- 나는 가족에게 어떤 남편/아내, 어떤 아버지/어머니로 기억되고 싶은가?
- 지금 내 태도와 행동이 그 이상에 부합하는지, 아니라면 무엇을 바꾸어야 할지 고민해보자.

웃음을 나누다
함께 웃을 수 있는 유머

23

"막시무스로부터 나는 어떤 상황에서도 침착하면서 밝은 태도를 잃지 않는 법을 배웠다.
그는 지나치게 진지하거나 엄격하지 않게 주변 사람들과 함께 웃을 줄 알았다."

―명상록 1장 15절

새벽 세시, 상욱은 노트북 앞에서 한숨을 내쉬었습니다. 내일 있을 중요한 프레젠테이션 자료를 검토하는 중이었습니다. 문득 거울에 비친 자신의 모습이 눈에 들어왔습니다. 굳어 있는 표정, 긴장으로 꽉 쥔 주먹. 그는 언제부터 이렇게 무거워졌을까요?

오늘도 회의실은 무거웠습니다. 팀원들은 그의 얼굴색을 살피며 조심스럽게 의견을 개진했고, 누군가 실수라도 하면 숨소리마저 죽여가며 그의 반응을 기다렸습니다. 마치 시한폭탄이라도 있는 것처럼 긴장된 분위기였죠.

"팀장님, 가끔 농담도 좀 섞어보세요. 저희 팀 너무 숨 막혀요."

신입사원의 용기 있는 한마디가 그의 마음을 흔들었습니다.

우리는 종종 진지함을 전문성과 동일시합니다. 웃음이 있는 자리는 마치 불성실한 것처럼 여기기도 합니다. 하지만 마르쿠스 아우렐리우스는 달랐습니다. 로마 제국의 황제임에도 그는 적절한 유머와 웃음을 통해 신하들과의 거리를 좁혔다고 합니다.

> "어떤 경우에도 쾌활하게 행동하라. 사소한 예법이나 격식 때문에 얼굴을 찡그릴 필요는 없다."
>
> —명상록 1장 16절

현대 심리학은 웃음의 놀라운 효과를 입증했습니다. 웃음은 스트레스 호르몬을 감소시키고 면역력을 높이며, 무엇보다 사람들 사이의 신뢰와 유대를 강화합니다. 웃음은 우리의 방어막을 낮추고, 더 창의적이고 개방적인 사고를 가능하게 합니다.

상욱은 변화를 결심했습니다. 처음에는 어색했습니다. "오늘 아침 거울 보다가 흰머리 하나 발견했네요. 아, 이제 제가 진짜 팀장 같나 봐요." 서툰 농담에 팀원들은 잠시 당황했지만, 곧 따뜻한 웃음이 퍼졌습니다.

점차 회의실 공기가 바뀌기 시작했습니다. 누군가 실수를 해도 더 이상 숨죽이지 않았고, 오히려 그것을 함께 웃어넘기며 해결책을 찾아갔습니다. 심지어 힘든 프로젝트 중에도 가벼운 농담이 오가며 팀의 사기를 북돋았습니다.

물론 모든 순간에 웃음이 필요한 것은 아닙니다. 때로는 진지함이 필요할 때도 있습니다. 중요한 것은 균형입니다. 삶의 무게를 진지하게 받아들이되, 그 무게에 짓눌리지 않는 여유를 갖는 것. 그것이 바로 진정한 지혜일지도 모릅니다.

상욱은 이제 아침마다 거울을 보며 웃는 연습을 합니다. 그리고 그 미소를 하루 종일 간직하려 노력합니다. 놀랍게도 그의 미소엔 전염성이 있었습니다. 팀원들 표정이 밝아졌고, 사무실에는 활기가 돌았습니다.

"잘못을 저지른 사람을 꾸짖는 것보다, 함께 웃으며 해결책을 찾는 것이 더 현명하다"는 것을 그는 이제 압니다. 유머는 단순한 농담이 아닙니다. 그것은 인간성을 인정하고, 서로를 이해하며, 함께 성장하는 방법입니다.

> "사람들에 관하여 말할 때는 마치 위에서 땅을 내려다보듯 관찰하라.
> 거리를 두고 보면 너무 심각하게 여길 일은 없다."
>
> ―명상록 9장 30절

체크리스트

◇ 나는 평소 직장이나 가정에서 분위기를 너무 엄숙하게 만드는 편은 아닌가? 내 농담에 사람들이 웃어본 게 언제였는지 기억해보자.

◇ 남을 비꼬거나 빈정대는 유머로 누군가를 불편하게 한 적은 없는가? 어떤 유머가 긍정적이고 어떤 유머가 상처줄 수 있는지 인식하고 있는가?

◇ 함께 웃는 시간을 일부러라도 만들고 있는가? (예: 가족끼리 코미디 영화 보기, 동료들과 점심시간에 유쾌하게 수다 떨기 등)

하루 실천법

오늘 웃음 전파하기를 해보세요. 일부러 재밌는 영상을 공유하거나 가벼운 농담 한마디를 던져봅니다. 예를 들어 회의 시작 전에 "다들 오전에 커피 한 잔 하셨죠? 안 하신 분은 제 유머로 깨워드리겠습니다" 같은 가벼운 멘트라도 좋습니다. 반응이 없다고 바로 위축되지 말고, 밝은 표정과 미소를 유지하며 긍정 에너지를 전파해보세요.

성찰 질문

- 웃음은 흔히 마음의 여유에서 나온다고 한다. 요즘 웃음을 잃었다면, 무엇이 나를 그렇게 진지하고 긴장하게 만드는지 생각해보자.
- 조금 어설퍼도 괜찮으니 여유를 갖고 웃을 때, 내 주변 인간관계는 어떻게 달라질지 상상해보자.

봉사를 시작하다
사회에 기여하며 살아가기

24

"사회 전체의 완성을 위해 내가 맡은 역할을 다하라. 공공의 이익을 항상 염두에 두라."

―명상록 9장 23절

우리는 종종 잊곤 합니다. 우리가 누리는 모든 것이 사회라는 거대한 그물망 속에서 가능하다는 사실을. 아침에 마시는 커피 한 잔도, 퇴근길에 타는 지하철도, 밤에 즐기는 드라마도 수많은 사람들의 노력이 있었기에 가능한 것입니다.

평범한 회사원 지섭도 이 사실을 깨닫기까지 시간이 걸렸습니다. 바쁜 일상 속에서 그는 늘 자신의 문제만으로도 삶이 벅차다고 생각했습니다. 승진, 연봉, 대출…, 끝없는 걱정거리 속에서 그는 점점 작아졌습니다.

변화는 우연히 찾아왔습니다. 회사 동료의 제안으로 참여한 주말 무료 급식소 봉사. 처음에는 귀찮고 피곤할 것 같았지만, 따뜻한 국물을 건네받은 어르신의 환한 미소가 그의 마음을 움직였습니다. "누군가에게 도움이 될 수 있다"는 깨달음은 그의 삶에 새로운 의미를 더했습니다.

마르쿠스 아우렐리우스는 "인간은 서로를 위해 태어났으니, 남을 돕는 것이 곧 자기 자신을 돕는 것이다"라고 말했습니다. 그는 황제로서도 전쟁 포로와 노예들의 처우를 개선하고, 재난 시 구호 활동을 하는 등 공동체 전체의 이익을 위해 힘썼습니다. 또한 "인간은 서로를 위해 태어났다"고 했습니다. 이는 단순한 도덕적 훈계가 아닙니다. 우리의 본질에 대한 깊은 통찰입니다. 인간은 혼자서는 살아갈 수 없으며, 서로 돕고 나누며 살아가도록 설계되어 있다는 것입니다.

여러 통계조사를 보면 봉사활동에 참여하는 사람들은 그렇지 않은 사람들보다 더 높은 행복감과 삶의 만족도를 보입니다. 심지어 수명도 더 길다고 합니다. 멀리서 찾을 필요 없습니다. 우리 주변에서 봉사활동을 하는 이들을 살펴보세요. 그들은 기쁨으로 힘든 자리를 마다하지 않습니다. 남을 돕는 일이 주는 즐거움도 크거니와 그것이 결국 자신을 돕는 일이라는 사실을 알기 때문입니다.

지섭의 삶도 조금씩 변화했습니다. 한 달에 한 번씩 정기적으로 봉사활동에 참여하면서, 그는 자신의 문제들을 새로운 시각으로 바라보게 되었습니다. 승진에 대한 스트레스도, 대출 상환에 대한 걱정도 여전했지만, 그것들이 인생의 전부는 아니라는 것을 알게 되었습니다.

더 놀라운 것은 이러한 봉사가 그의 일상에도 영향을 미쳤다는 점입니다. 회사에서도 그는 신입 사원들을 더 친절하게 도와주게 되었고, 이웃과도 더 자주 인사를 나누게 되었습니다. 작은 친절과 나눔이 습관이 된 것입니다.

"바쁜데 힘들지 않아?"라는 질문에 지섭은 이제 웃으며 답합니다.

"제가 더 행복해졌어요. 제 문제만 생각할 때는 세상이 참 각박하고 힘들게 느껴졌는데, 이제는 마음이 더 따뜻해진 것 같아요."

공동체에 기여한다는 것은 거창한 일이 아닐 수 있습니다. 출근길에 마주친 이웃과 따뜻한 인사를 나누는 것, 회사에서 어려움을 겪는 동료를 돕는 것, 온라인에서 유용한 정보를 나누는 것…, 이 모든 것이 사회를 조금씩 더 나은 곳으로 만드는 일입니다.

삶이 힘들 때일수록 더욱 그렇습니다. 나눔은 단순히 베푸는 것이 아닙니다. 그것은 우리가 혼자가 아니라는 것을, 우리 모두가 연결되어 있다는 것을 확인하는 과정입니다. 그리고 그 연결 속에서 우리는 더 큰 힘을 얻습니다.

> "포도나무는 열매를 맺고서 아무것도 바라지 않는다.
> 마찬가지로 선행을 베풀었다면 그 자체로 만족하고 감사나 보상을 구하지 말라."
>
> ─명상록 5장 6절

체크리스트

◇ 혹시 "내 코가 석자라 남 도울 여유 없다"는 생각에 사로잡혀 살고 있지는 않은가?

◇ 사실은 작은 시간과 노력으로도 할 수 있는 일이 있는데 간과한 것은 없나?

◇ 최근 1년간 내 시간이나 돈을 순수하게 타인을 위해, 공동체를 위해 써본 적이 있는가? 그때 내가 느낀 감정은 어땠는가?

◇ 직장이나 지역사회에서 내가 참여할 수 있는 봉사나 기여 활동에는 어떤 것들이 있을지 찾아보았는가?

하루 실천법

오늘 한 가지 친절을 베풀어보세요. 직장에서 동료의 힘든 업무를 도와준다든지, 길에서 무거운 짐을 들어주는 간단한 행동이어도 좋습니다. 또는 커피 한 잔을 사서 경비 아저씨께 드리는 작은 선행도 괜찮습니다. 그리고 집에 돌아와 그 경험이 당신 기분에 어떤 변화를 가져왔는지 기록해보세요.

성찰 질문

- 내가 세상에 남기고 싶은 선한 영향은 무엇일까?
- 죽을 때 "나는 ~에 조금이나마 기여했다"라고 말할 수 있다면, 그것은 어떤 분야일까?
- 지금 그걸 위해 무엇을 시작할 수 있을지 생각해보자.

Meditation

"네 안을 들여다보라. 선(善)의 샘이 그곳에 있다. 그리고 네가 계속 파고들기만 하면 그 샘은 언제까지고 솟아나올 것이다."

─명상록 7장 59절

역경 극복과
내면의 힘

실패와 실망 다루기

성장을 받아들이다
시련을 받아들이는 용기

25

> "타오르는 불길은 그 속에 던져지는 모든 것을 불꽃과 빛으로 바꾸어놓는다."
>
> —명상록 4장 1절

창업 3년 차, 은결은 마지막 남은 돈으로 월세를 내고 사무실 문을 닫았습니다. 6개월간 준비한 새로운 사업도 실패였습니다. 그날 밤, 한강 변을 걸으며 그는 지난 시간을 돌아보았습니다. 대학 졸업 후 안정적인 직장을 뒤로하고 창업의 길을 택했던 순간부터, 첫 실패, 재도전, 그리고 또다시 맞이한 실패까지.

"이제 어떻게 해야 하지?"

밤바람이 차가웠습니다.

그때 문득 선배 창업자의 말이 떠올랐습니다.

"사업 실패는 네 능력의 끝이 아니라 성장통 같은 거야. 이걸 겪고 나면 더 강해질 거다."

처음 들었을 때는 그저 위로의 말로만 들렸습니다. 하지만 지금, 모든 것을 잃은 것 같은 이 순간에 그 말의 의미가 새롭게 다가왔습니다. 실패가 끝이 아니라 새로운 시작점이 될 수 있다는 것. 중요한 것은 실패 자체가 아니라 그것을 어떻게 받아들이느냐는 것.

은결은 공책을 펼쳤습니다. 이번 실패의 원인을 하나하나 적어내려갔습니다. 시장 조사가 부족했던 점, 초기 자본을 잘못 배분한 점, 마케팅 전략의 실수들…. 쓰라린 반성이었지만, 각각의 실수는 귀중한 교훈이 되었습니다.

> "행동을 방해하는 장애물은 오히려 행동을 진전시킨다. 길을 가로막는 것이 곧 길이 된다."
>
> —명상록 5장 20절

마르쿠스 아우렐리우스는 로마 제국을 다스리면서 수많은 시련을 겪었습니다. 전쟁, 역병, 친구의 배신…. 하지만 그는 이러한 시련을 자신을 단련시키는 시험으로 받아들였습니다. "장애물이 곧 길이 된다"는 그의 말은 역경을 피하지 않고 정면으로 마주할 때 오히려 그것이 성장의 발판이 될 수 있다는 깊은 통찰을 담고 있습니다.

'역경 후 성장(Post-traumatic Growth)'이라는 말이 있습니다. 큰 시련을 겪은 후에 오히려 더 강해지고, 삶을 더 깊이 이해하게 되며, 인간관계가 더욱 돈독해지는 현상을 말합니다. 실패나 고난이 반드시 우리를 망가뜨리는 것은 아닙니다. 오히려 그것을 통해 우리는 더 단단해질 수 있습니다.

 은결은 다시 일어섰습니다. 이번에는 달랐습니다. 첫 창업 때의 막연한 열정이나, 두 번째의 조급함도 없었습니다. 대신 실패의 교훈을 가슴에 새기고, 더 철저히 준비했습니다. 시장 조사부터 자금 계획까지, 모든 것을 꼼꼼히 점검했습니다.
 특히 달라진 것은 실패를 바라보는 시각이었습니다. 더 이상 실패를 두려워하지 않았습니다. 실패는 끝이 아닌, 다음 단계로 가는 과정일 뿐이라는 것을 이제는 진심으로 이해했기 때문입니다.
 시련은 우리 모두에게 찾아옵니다. 중요한 것은 그것을 어떻게 받아들이느냐입니다. 시련을 피할 수 없다면, 차라리 그것을 통해 배우고 성장하는 것이 현명한 일입니다. 마치 운동할 때 느끼는 근육의 통증이 실은 성장의 신호인 것처럼, 인생의 시련도 우리를 더 강하게 만드는 성장통일 수 있습니다.

체크리스트

◇ 과거의 실패나 시련을 돌이켜볼 때, 그로 인해 내가 얻은 교훈이나 변화는 무엇인가? (없다고 느껴진다면 지금 다시 곰곰이 생각해보자.)

◇ 힘든 일이 닥쳤을 때 "왜 하필 나에게 이런 일이"라고 자주 생각하는가, 아니면 "이 일을 통해 무엇을 배울 수 있을까"라고 여유를 가지는가?

◇ 내가 존경하는 인물들도 많은 실패를 겪었다는 사실을 의식해본 적 있는가? 그들이 포기하지 않고 재도전했기에 성공했음을 기억하는가?

하루 실천법

오늘 작은 실패 일지를 써봅니다. 최근에 있었던 크고 작은 실패나 실수 한 가지를 적고, 거기에서 얻은 깨달음 한두 가지를 함께 씁니다. 예를 들어 "프레젠테이션 실패 · 준비 부족과 과도한 긴장 탓. 교훈: 충분히 연습할 것, 발표 전에 심호흡하며 마음을 안정시킬 것." 이렇게 쓰고 나면 실패가 막연한 두려움이 아니라 유익한 피드백으로 보일 것입니다.

성찰 질문

- 지금 내 앞에 있는 시련을 5년 후의 내가 돌아본다면, 어떤 의미와 가치를 가진 사건으로 기억할까?
- 이 경험을 통해 내가 더 나아질 수 있는 부분은 무엇일까?

책임을 지다
상황을 탓하지 말라

26

"누군가의 잘못을 책망하려는 순간, 스스로에게 이렇게 물어보라.
'지금 내가 비난하려는 그 잘못과 비슷한 결함이 내게도 있지 않은가?'"

—명상록 10장 30절

"이번 달도 목표 달성 실패입니다."

영민은 월간 영업 보고서를 덮으며 한숨을 내쉬었습니다. 세 달 연속 실적 부진. 그의 입에서는 익숙한 변명들이 흘러나왔습니다.

"요즘 경기가 너무 안 좋아서…."

"우리 제품이 경쟁사보다 비싸니까…."

"고객들이 워낙 까다로워서…."

그러던 어느 날, 상사의 날카로운 지적이 그를 깨웠습니다.

"영민 씨, 같은 상황에서도 성과를 내는 직원들이 있어요. 차이가 뭘까요?"

그 말은 영민의 마음에 화살처럼 꽂혔습니다. 맞습니다. 같은 경기 침체, 같은 제품, 같은 고객들…. 하지만 누군가는 그 속에서도 길을 찾아내고 있었습니다.

영민은 처음으로 자신의 행동을 냉정하게 돌아보았습니다. 그동안 자신이 무엇을 했는지. 시장 조사는 충분했나요? 고객의 니즈를 제대로 파악했나요? 새로운 영업 전략을 시도해봤나요?

답은 '아니오'였습니다.

그는 노트를 펼쳤습니다. 이번에는 평소와 다른 질문을 던졌습니다.

"내가 무엇을 더 할 수 있을까?"

"어떻게 하면 이 상황을 기회로 만들 수 있을까?"

마르쿠스 아우렐리우스는 로마 제국의 황제로서 수많은 위기를 맞았습니다. 전쟁, 역병, 반란…. 하지만 그는 결코 운명을 탓하지 않았습니다. 대신 그는 매 순간 자신이 할 수 있는 최선의 선택에 집중했습니다.

> "세상에 일어나는 일은 견딜 수 있는가 없는가 둘 중 하나다. 견딜 수 있다면 묵묵히 견뎌라. 그리고 불평은 그만두어라. 도저히 견딜 수 없는 일이라 해도 불평은 마찬가지로 소용없다. 당신이 무너

져버리면 그 일도 함께 끝날 것이기 때문이다."

―명상록 10장 3절

마르쿠스 아우렐리우스와 같이 자신의 삶에 대한 통제권이 자신에게 있다고 믿는 사람들은 더 높은 성취도와 만족도를 보입니다. 반면 모든 것을 외부 탓으로 돌리는 사람들은 발전이 더디고, 결국 자기 성취 예언처럼 실패를 반복하게 됩니다.

영민의 변화는 작은 것에서 시작되었습니다.
매일 30분 일찍 출근해 시장 동향을 분석했습니다.
성공한 동료들의 영업 방식을 관찰하고 배웠습니다.
고객의 거절에서 새로운 인사이트를 찾으려 노력했습니다.
매일 저녁 그날의 활동을 되돌아보며 개선점을 기록했습니다.

처음에는 눈에 띄는 변화가 없었습니다. 하지만 한 달, 두 달이 지나면서 조금씩 달라지기 시작했습니다. 고객들이 그의 제안에 더 귀를 기울였고, 계약 성사율도 높아졌습니다.

세 달 후, 영민은 처음으로 월간 목표를 달성했습니다.

상사가 물었습니다. "무엇이 이런 변화를 만든 것 같나요?"

"더 이상 핑계를 대지 않기로 한 것이 시작인 듯합니다. 대신 제가 할 수 있는 것에 집중했죠."

우리는 종종 통제할 수 없는 상황에 좌절합니다. 경제 상황, 타인의 결정, 예상치 못한 사건들…. 하지만 그 속에서도 우리가 통제할 수 있는 것이 있습니다. 바로 우리의 태도와 행동입니다.

불운은 누구에게나 찾아옵니다. 하지만 그것을 어떻게 받아들이고, 그로부터 무엇을 배우며, 어떻게 다음 걸음을 내딛는가는 전적으로 우리의 선택입니다.

체크리스트

◇ 최근 스트레스받은 일 중 그 원인으로 나 말고 다른 사람이나 환경을 가장 먼저 탓한 적은 없는가? 그때 정말 내게 잘못이나 개선해야 할 점은 없었는지 돌이켜봤는가?

◇ "잘 안 되면 어쩔 수 없지", "남들 다 그런 걸 뭐" 같은 말로 스스로 합리화하며 책임을 회피하는 습관이 있지는 않은가?

◇ 성공했을 때는 운이 좋아서가 아니라 내 노력 덕이라고 여기면서, 실패했을 때만 운 탓, 남 탓을 하고 있진 않은지도 생각해보자.

하루 실천법

오늘 예상대로 안 풀리는 일이 생긴다면, 즉각적으로 탓하고 싶은 마음을 꾹 참아보세요. 대신 일지에 그 상황을 간략히 쓰고 '내가 배울 점은 무엇인가?'를 적어봅니다. 예컨대 "고객이 계약 취소·시장 상황 탓? -> 내가 설득력 있게 가치를 못 전달한 건 아닌지, 다음엔 다른 접근을 해보자", 이런 식으로 쓰고, 바로 다음 액션을 계획해보세요.

성찰 질문

- 내 인생에서 반복되는 문제나 패턴이 있다면, 나는 그것을 늘 외부 요인 탓으로만 돌리고 있지 않은가?
- 만약 온전히 내 책임이라고 생각하고 접근한다면, 지금과 무엇이 달라질까?

교훈을 얻다
실패에서 배우는 법

27

> "만약 누군가 내 생각이나 행동의 잘못을 증명해 보인다면 나는 기꺼이 그것을 고칠 것이다. 나는 진리를 추구한다. 진리는 그 누구에게도 해를 끼치지 않는다. 정말로 해로운 것은 자기기만과 무지 속에 머무르는 것이다."
>
> —명상록 6장 21절

"또 실패했어요."

가영의 목소리에는 체념이 묻어 있었습니다. 두 번째 프로젝트도 실패로 끝난 것입니다. 팀원들은 고개를 숙였고, 회의실은 무거운 침묵에 잠겼습니다.

"뭘 배웠어?"

멘토의 예상치 못한 질문에 가영은 잠시 당황했습니다. 실패에서 무언가를 배운다고? 그저 부끄럽고 잊고 싶을 뿐인데….

하지만 그 질문은 그녀의 마음속에서 천천히 울리기 시작했습니다. 그리고 서서히, 마치 안개가 걷히듯 깨달음이 찾아왔습니다.

첫 번째 프로젝트 실패. 시장 조사를 소홀히 했습니다. 고객의 니즈를 제대로 파악하지 못했고, 경쟁사 분석도 겉핥기에 그쳤습니다. 열정만 앞섰던 거죠.

두 번째 프로젝트 실패. 이번에는 소통 문제였습니다. 팀원들과의 충분한 대화가 없었고, 각자의 역량과 상황을 제대로 고려하지 않았습니다. 리더로서의 경험 부족이 여실히 드러났죠.

"자, 이제 보이나요?"

멘토가 다시 물었습니다.

"실패는 우리에게 가장 정직한 선생님이에요. 같은 수업료를 두 번 내지 않으려면, 그 가르침을 잘 새겨들어야 합니다."

마르쿠스 아우렐리우스는 로마 제국을 다스리면서 수많은 실패를 경험했습니다. 전투에서의 패배, 정책의 실패, 인사의 오판…. 하지만 그는 그것들을 부끄러운 오점으로 여기지 않았습니다. 대신 각각의 실패를 통해 더 나은 통치자가 되기 위한 교훈을 찾았습니다.

> "올바른 길에서 한때 벗어났더라도 곧장 되돌아오라. 방황을 후회하기보다는 빠르게 바로잡는 것이 지혜롭다."
>
> —명상록 6장 11절

가영은 노트를 펼쳤습니다. 이번에는 실패를 기록하기 시작했습니다. 언제, 어디서, 무엇이 잘못되었는지. 그리고 각각의 실수에서 배운 점들. 처음에는 쓰라렸지만, 적어가면서 오히려 마음이 가벼워지는 것을 느꼈습니다.

다음 프로젝트에서 그녀는 달라졌습니다.
시장 조사에 두 배의 시간을 투자했습니다.
매주 팀 미팅을 통해 소통을 강화했습니다.
리스크 관리 계획을 세밀하게 수립했습니다.
모든 의사결정 과정을 기록으로 남겼습니다.

결과는 달랐습니다. 세 번째 프로젝트는 성공했습니다. 완벽하지는 않았지만, 이전의 실패에서 배운 교훈들이 하나하나 빛을 발했습니다.

실패를 두려워하지 않는다는 것은, 실패해도 괜찮다는 의미가 아닙니다. 실패로부터 배울 준비가 되어 있다는 의미입니다. 실패는 끝이 아닌 시작이며, 좌절의 순간이 아닌 배움의 기회입니다.

가영은 이제 자신의 경험을 후배들과 나눕니다.

"실패하세요. 하지만 같은 실패는 하지 마세요. 그것이 성장의 비결입니다."

"매일의 삶이 지혜롭고 도덕적인 행동들로 가득

차 있지 않다고 해서 짜증내거나 패배감에 빠져 낙
담하지 말라. 실패했다면 다시 일어서라. 비록 불완
전할지라도 인간답게 행동하고 노력했다는 사실을
기뻐하며, 스스로 시작한 그 추구를 끝까지 온 마
음으로 지속하라."

—명상록 5장 9절

체크리스트

◇ 나는 실수나 실패를 하면 얼른 잊어버리려 하지는 않는가? 아니면 그 원인을 곱씹으며 개선하려 노력하는 편인가?

◇ 최근 실패한 일에서 뚜렷하게 찾아낸 원인 세 가지와, 그에 대한 해결책은 무엇인가? 그것을 실제로 다음에 적용해봤는가?

◇ 비슷한 실패를 두 번 이상 반복한 적이 있다면, 그때 충분히 배우지 못했기 때문은 아니었는지 돌이켜보자.

하루 실천법

오늘 작은 실수 노트를 활용해보세요. 하루 일과 중 실수하거나 일이 어긋난 것을 한 가지 골라, 그 상황을 적고 왜 그런 결과가 나왔는지 이유를 세 가지 이상 써봅니다. 그리고 각 이유 옆에 다음엔 어떻게 할지 대안을 적어보세요. 매일 이 노트를 쓰다 보면 내 약점과 패턴이 보여서 더 똑똑하게 행동하게 될 것입니다.

성찰 질문

- 나는 실패를 헛되이 흘려보내지 않고 제대로 내 자산으로 만들고 있는가?
- 지금까지의 인생에서 실패로부터 배운 가장 중요한 교훈은 무엇이며, 그것을 바탕으로 내 행동은 어떻게 달라졌는가?

회복을 연습하다
마음의 탄력성 키우기

28

"밀려오는 파도가 거세게 부딪혀도 끄떡없는 바위가 되어라. 바위는 흔들림 없이 굳건히 서 있고, 성난 바다의 물결은 그 주위에서 이내 가라앉는다."

―명상록 4장 49절

늦은 밤, 사랑은 노트북 앞에 앉아 일기를 씁니다.
"오늘로 회사가 문을 닫았다. 5년이라는 시간이 이렇게 허무하게 끝나다니. 하지만 이것이 나에게 마지막이라는 생각이 들지 않는다. 이렇게 무너지지는 않을 거다. 아침에 일어나 여전히 러닝화를 신고, 여전히 내 루틴대로 하루를 시작했다. 평소처럼 샐러드를 먹고, 평소처럼 책을 읽었다. 흔들리지만, 쓰러지지는 않을 것이다."

마음의 탄력성. 영어로는 'Resilience'라고 부르는 이 능력은 마치

탄성이 있는 나무처럼, 강풍에 휘어져도 다시 제자리로 돌아오는 힘을 말합니다. 어떤 이는 작은 좌절에도 오래 쓰러져 있지만, 어떤 이는 큰 폭풍 속에서도 중심을 잃지 않습니다.

사랑의 회복은 우연이 아니었습니다. 그녀에겐 평소에도 자신만의 원칙이 있었습니다.

"변화는 피할 수 없지만, 내 일상의 기둥만큼은 지킨다."

이것이 그녀의 첫 번째 원칙이었습니다.

"감정은 정직하게 마주하되, 그 안에 머물지는 않는다."

이것이 두 번째 원칙이었습니다.

"도움을 청하는 것은 약함이 아니라 현명함이다."

이것이 세 번째 원칙이었습니다.

마르쿠스 아우렐리우스도 이와 비슷한 원칙들을 가지고 있었습니다. 전염병이 창궐하고, 전쟁이 일어나고, 가까운 이들의 배신이 있어도 그는 중심을 잃지 않았습니다. 그는 마주한 역경 앞에서 "그것을 견뎌내지 못할 이유가 무엇인가? 내게는 이성을 비롯한 모든 내적 자원이 있다"고 믿었습니다. 스트레스나 충격을 받았을 때 자신을 지탱해주는 원칙과 루틴이 있었기에 금세 마음의 균형을 회복할 수 있었습니다. 그의 《명상록》은 흔들리는 순간마다 자신을 다잡는 내면의 대화였습니다.

"사람에게 일어나는 그 어떤 일도,

> 본래 그가 견뎌낼 수 없도록 자연이 정해놓은 것
> 은 없다."

―명상록 5장 18절

사랑은 실직 이후 매일 아침 조깅을 했습니다. 달리는 동안 그녀는 생각했습니다.

'이것도 지나갈 것이다.'

'나에겐 아직 많은 가능성이 있다.'

'오히려 이번 기회에 새로운 도전을 해볼 수 있겠구나.'

달리기를 마치고 돌아오면 그녀는 작은 카페에 들러 노트북을 펼쳤습니다. 이력서를 다듬고, 새로운 산업 동향을 공부하고, 미뤄뒀던 자격증 공부도 시작했습니다. 때론 눈물이 나기도 했지만, 그때마다 친구들에게 연락했습니다.

"힘들 때 연락하는 게 미안하지만…."

"바보 같은 소리 하지 마. 그러니까 친구지."

한 달 후, 사랑은 새로운 직장을 구했습니다. 예전보다 조건이 좋지는 않았지만, 그녀는 이를 새로운 시작으로 받아들였습니다. 더 중요한 것은 이 과정에서 그녀가 얻은 자신감이었습니다.

"이제 나는 안다. 내가 생각보다 훨씬 더 강하다는 것을."

마음의 탄력성은 근육과 같습니다. 작은 스트레스와 회복의 반복을 통해 점점 강해집니다. 우리는 매일 작은 불편함들과 마주합니다. 익숙한 길이 공사 중이라 돌아가야 할 때, 좋아하는 메뉴가 품절되었을 때, 계획했던 일이 갑자기 변경되었을 때…, 이런 순간들을 우리의 훈련 기회로 삼을 수 있습니다.

> **체크리스트**
>
> ◇ 예상 못한 실패나 나쁜 일이 생겼을 때 내 반응은 어떤가? 며칠씩 축 처져 지내는가, 비교적 빨리 일상을 추스르는 편인가?
> ◇ 힘들 때 나만의 회복 방법(예: 운동, 명상, 친한 사람과 수다 등)을 알고 있고 그것을 활용하고 있는가?
> ◇ 스트레스가 극심할 때 혹시 건강을 해치는 습관(과음, 폭식, 과로 등)으로 버티려 하지는 않는지 스스로 점검해보자.

하루 실천법

오늘은 작은 불편 감수하기를 해보세요. 일부러 평소와 다른 길로 돌아가거나, 익숙한 커피 대신 새로운 맛을 시도하는 등 약간의 변화를 줍니다. 그리고 그때 자신이 느끼는 불편함을 관찰하고 받아들입니다. 이런 사소한 연습이 쌓이면 큰 변화 앞에서도 유연한 대응력을 키우는 데 도움이 된답니다.

성찰 질문

- 최근 내게 찾아온 시련이나 변화로는 무엇이 있었나?
- 그때 나는 어떻게 반응했고 얼마나 빨리 극복했는가?
- 앞으로 비슷한 상황이 온다면, 나는 어떤 마음가짐과 행동으로 더 빨리 회복할 수 있을지 떠올려보자.

자신을 믿다
비교는 독, 나만의 길을 가라

29

"다른 사람들이 하는 일에 남은 시간을 낭비하지 말라. 그것이 공동의 선에 관계되는 경우가 아니라면. 남들이 무엇을 하고 왜 그러는지, 그들이 무슨 말을 하고 무슨 생각을 하는지 등에 마음을 빼앗기면 정작 자신에게 유익한 일을 아무것도 할 수 없게 된다. 그렇게 남의 일에 정신이 쏠리면 자기 자신의 마음과 길에 집중하지 못하게 될 것이다."

—명상록 3장 4절

비교는 인간의 타고난 본능일지 모릅니다. 생존을 위해 자신의 위치를 확인해야 했던, 공동체로 살기 시작한 순간부터 이어져온 습관이겠지요. 하지만 현대 사회에서 이 비교 습관은 우리를 서서히 갉아먹는 독이 되고 있습니다.

51세 영삼의 하루는 비교로 시작해서 비교로 끝났습니다. 아침에 SNS를 열면 친구들의 호화로운 아침 식사가 펼쳐지고, 점심때는 동료의 승진 소식이 들려오며, 저녁에는 동창 모임에서 자녀 자랑이 이어졌습니다. 회사에서는 같은 나이 또래들의 성공 스토리가 끊임없이 들려왔고, 주말이면 이웃들의 새 차와 이사 소식이 그의 마음을 무겁게 했습니다.

영삼은 자신이 이룬 것들을 하나둘 세어보았습니다. 중견 기업의 과장, 전세 아파트, 평범한 가정…, 남들의 화려한 삶과 비교하면 초라해 보이는 것들이었습니다. 밤마다 그는 생각했습니다. "나는 왜 이것밖에 못 이룬 걸까?"

> "한 가지 놀라운 사실이 있다. 우리는 모두 다른 사람들보다 자신을 더 사랑하면서도, 정작 자기 자신의 의견보다 남들의 의견을 더 신경 쓴다는 것이다."
>
> ─명상록 12장 1절

마르쿠스 아우렐리우스는 이렇게 말했습니다. "다른 이들의 행동에 연연하지 말라. 그들의 삶은 그들의 것이요, 네 삶은 네 것이다." 이는 단순한 위로가 아닌, 깊은 철학적 통찰입니다. 우리 각자는 고유한 여정을 걷고 있으며, 그 여정은 결코 타인의 것과 비교할 수 없습니다.

변화는 우연히 접한 한 문장에서 시작되었습니다. "어제의 나와 경쟁하라. 남과 비교하는 순간 불행이 시작된다." 이 말은 영삼의 시선을 밖에서 안으로 돌렸습니다. 그는 매일 밤 자신에게 물었습니다. "오늘의 나는 어제의 나보다 어떤 면에서 성장했는가?"

작은 목표들이 생겨났습니다. 책 한 페이지 더 읽기, 가족과 5분 더 대화하기, 새로운 업무 스킬 하나 배우기. 처음에는 사소해 보였지만, 이런 작은 실천들이 모여 점차 큰 변화를 만들어냈습니다.

한 달이 지났을 때, 영삼은 자신의 일기장을 들춰보았습니다. 30일 동안 그는 세 권의 책을 읽었고, 아이들과 더 많은 대화를 나누었으며, 엑셀 매크로 기능을 완벽히 익혔습니다. 남들의 성취와 비교하면 작아 보일 수 있지만, 한 달 전의 자신과 비교하면 분명한 진전이었습니다.

특히 SNS 시대를 사는 우리에게 이 교훈은 더욱 절실합니다. 우리가 보는 남들의 모습은 편집된 하이라이트일 뿐입니다. 화려한 식사 사진 뒤에 숨겨진 부채, 자녀 자랑 뒤에 감춰진 고민, 승진 소식 뒤의 스트레스…. 그들도 우리처럼 고민하고, 실패하고, 좌절합니다. 하지만 그런 모습은 잘 보이지 않죠.

영삼은 이제 SNS를 다른 시각으로 봅니다. 더 이상 비교의 도구가 아닌, 정보와 소통의 창구로 바라보게 된 것입니다. 동창 모임에서도 남의 이야기에 위축되지 않고, 각자의 인생을 진심으로 경청하고 축하할 수 있게 되었습니다.

시간이 흐르면서 그는 놀라운 사실을 깨달았습니다. 자신의 성장에 집중하자 오히려 더 많은 것을 이루게 되었다는 것입니다. 업무 능력이 향상되어 자연스럽게 승진 기회가 왔고, 가족과의 관계도 더욱 돈독해졌습니다. 무엇보다 마음의 평화를 찾았습니다.

비교의 덫에서 벗어나는 것은 하루아침에 이루어지지 않습니다. 그것은 매일의 자각과 실천이 필요한 여정입니다. 우리 각자는 다른 시작점에서 출발했으며, 다른 속도로 움직이고 있습니다. 늦게 피는 꽃도 있고, 일찍 피었다 지는 꽃도 있습니다. 중요한 것은 자신의 속도로, 자신의 방식대로 꾸준히 전진하는 것입니다.

진정한 성장은 남들의 SNS가 아닌, 우리 자신의 일상에서 일어납니다. 오늘의 당신은 어제의 당신보다 어떤 면에서 성장했나요? 그것이 바로 우리가 매일 물어야 할 진정한 질문입니다.

체크리스트

◇ 하루 중 SNS나 주변 소식으로 인해 열등감이나 질투를 느낀 순간이 얼마나 있었는지 돌이켜보자. 왜 그런 감정이 들었나? 실제로 그 사람들이 나보다 우월한지, 아니면 내가 스스로를 깎아내린 건지 생각해보자.

◇ 나만의 목표나 꿈이 뚜렷하지 않아 남들이 정한 기준에 나를 맞추고 있지는 않은가? 정말 내가 원하는 것이 무엇인지 분명히 해야 비교의 잣대에서 벗어날 수 있다.

◇ 지난 1년간 나는 어떤 면에서 성장하거나 발전했는지 적어보자. 남과 비교하지 말고 오직 나의 변화에 초점을 맞춘다.

하루 실천법

비교 멈춤 다짐을 해봅니다. 오늘 하루 SNS 사용 시간을 절반으로 줄여보거나, 남 이야기를 듣더라도 "나와 다른 삶이구나" 하고 넘깁니다. 그리고 밤에 일기를 쓰며 오늘 내가 어제보다 나은 점 세 가지를 적어봅니다. 작더라도 좋으니 어제의 나와 비교해 긍정적인 변화나 노력을 찾아 칭찬해보세요.

성찰 질문

- 지금 내가 부러워하거나 질투하는 대상이 있다면, 그 사람의 삶과 내 삶을 바꾸고 싶은가?
- 그 사람의 모든 고민과 단점까지 감당할 자신이 있는지 생각해보자. 그리고 내 삶에서 내가 감사하고 자랑스러워할 부분은 무엇인지 다시금 새겨보자.

마음을 다스리다
힘든 감정 통제하기

30

"만약 어떤 외적인 일 때문에 괴롭다면, 당신을 혼란에 빠뜨리는 것은 그 일이 아니라 그것에 대한 당신 자신의 판단이다. 그리고 그 판단은 지금 이 순간 당신이 없애버릴 수 있는 것이다."

— 명상록 8장 47절

갑작스러운 불안이 찾아왔습니다. 서윤은 아침부터 가슴이 조여오는 듯한 느낌에 숨을 제대로 쉴 수가 없었습니다. 오늘 오후의 중요한 발표, 밀린 업무들, 어제 상사와의 불편했던 대화…, 생각들이 꼬리를 물고 이어지면서 불안은 점점 커져만 갔습니다.

보통 같았으면 불안을 떨쳐내려 애쓰거나, 억지로 긍정적으로 생각하려 했을 것입니다. 하지만 이번에는 달랐습니다. 서윤은 조용히 눈을 감고 자신의 감정을 지켜보기로 했습니다.

"지금 내 안에 불안이 있구나."

마치 하늘의 구름을 바라보듯, 그녀는 자신의 불안을 관찰했습니다.

마르쿠스 아우렐리우스는 이런 상태를 '내면의 성채'라고 불렀습니다. 감정의 폭풍 속에서도 우리가 물러나 안전하게 관찰할 수 있는 공간입니다. 그는 "우리를 괴롭히는 것은 사건 자체가 아니라, 그것에 대한 우리의 판단"이라고 말했습니다. 이를 '인지적 거리두기'라고 부르기도 합니다. 감정과 생각을 자신과 동일시하지 않고, 한 걸음 떨어져서 바라보는 기술입니다. 마치 극장에서 영화를 보듯이, 우리는 내면의 드라마를 관찰할 수 있습니다.

> "오늘 나는 불안으로부터 벗어났다. 아니, 정확히 말하면 불안을 내던져버렸다. 왜냐하면 그 불안은 내 밖이 아니라 내 안, 나의 인식 속에 있었던 것이기 때문이다."
>
> ─명상록 9장 13절

서윤은 점차 이 기술을 일상에 적용하기 시작했습니다. 화가 날 때면 "지금 내 안에 분노가 있네"라고 알아차렸고, 우울할 때는 "우울함이 찾아왔구나"라고 관찰했습니다. 신기하게도 이렇게 바라보는 것만으로도 감정의 강도가 줄어들었습니다.

그녀는 감정 일기도 쓰기 시작했습니다. 특별한 형식 없이, 그저 그날의 감정들을 솔직하게 적었습니다.

"오늘은 불안이 파도처럼 밀려왔다. 마치 거대한 검은 구름이 내 머리 위를 덮은 것 같았다. 하지만 나는 그 구름을 바라보기로 했다. 신기하게도 한참을 바라보니 구름이 조금씩 흩어지기 시작했다."

시간이 지나면서 서윤은 중요한 사실을 깨달았습니다. 감정은 영원하지 않다는 것. 아무리 강렬한 감정도 결국은 지나간다는 것. 그리고 우리는 감정 그 자체가 아니라는 것을 말입니다.

이러한 통찰은 그녀의 삶을 크게 변화시켰습니다. 예전처럼 감정에 휘둘리지 않게 되었고, 중요한 순간에 더 냉철한 판단을 할 수 있게 되었습니다. 특히 대인관계에서 큰 변화가 있었습니다. 다른 사람의 말이나 행동에 즉각적으로 반응하는 대신, 잠시 멈추고 자신의 감정을 살펴보는 여유가 생긴 것입니다.

물론 이것은 쉬운 일이 아닙니다. 때로는 감정이 너무 강렬해서 한 발 물러서기가 불가능할 때도 있습니다. 하지만 중요한 것은 계속해서 연습하는 것입니다. 마치 운동을 통해 근육이 강해지듯, 감정을 관찰하는 능력도 훈련을 통해 발달합니다.

서윤은 이제 매일 아침 5분간의 감정 관찰 시간을 가집니다. 조용히 앉아서 그날의 첫 감정들을 알아차리는 것으로 하루를 시작하는 것입니다. 이 작은 습관이 하루 전체의 톤을 설정하는 데 놀라운 효과가 있었습니다.

"감정은 우리 삶의 일부이지만, 전부는 아니다"라는 것이 그녀의 새로운 깨달음이 되었습니다. 우리는 감정을 부정하거나 억압할 필요가 없습니다. 그저 바라보고, 알아차리고, 흘려보내면 됩니다. 그것이 진정한 감정의 지혜입니다.

체크리스트

◇ 최근에 불안이나 분노 등이 치밀었을 때, 그 감정에 휩쓸려 즉각 행동(예: 짜증내기, 충동 구매 등)한 적이 있는가?
◇ 힘든 감정이 올라올 때 그것을 자각하고 이름붙이기를 해본 경험이 있는지, 혹은 너무 늦게 알아차리는지 돌아보자.
◇ 우울하거나 화날 때 "영원히 이렇게 느낄 것 같다"고 절망하곤 하는가? 실제로는 시간이 지나면 감정이 바뀐다는 걸 기억하는가?

하루 실천법

오늘 감정의 변화를 세 번 기록해보세요. 오전, 오후, 저녁 세 번 알람을 맞춰두고, 그 시각에 자신이 느끼는 주 감정을 한 단어로 써보는 겁니다. 그리고 그 감정을 자신을 3인칭으로 부르며 표현해보세요(예: "지수는 지금 불안함을 느낀다"). 이 작은 연습만으로도 내가 나의 감정과 별개로 존재하는 관찰자 시선을 맛볼 수 있습니다.

성찰 질문

- 내 감정이 곧 나 자신이라고 동일시하고 있진 않은가?
- 사실 감정은 지나가는 경험일 뿐, 진정한 나는 그 감정을 지켜보는 존재임을 이해한다면 내 삶의 질은 어떻게 달라질까?
- 욱하거나 지레 겁먹는 대신, 감정을 다스릴 수 있다면 나는 어떤 사람이 될 수 있을까?

고독을 즐기다
고독을 두려워하지 않기

31

> "네 안을 들여다보라. 선(善)의 샘이 그곳에 있다. 그리고 네가 계속 파고들기만 하면 그 샘은 언제까지고 솟아나올 것이다."
>
> —명상록 7장 59절

저녁 9시, 유주는 거실에 홀로 앉아 있습니다. 대학생이 된 큰아이는 자취를 시작했고, 고등학생인 작은아이는 독서실에 갔습니다. 남편은 출장 중입니다. 갑자기 찾아온 이 고요함이 처음에는 낯설게 느껴졌습니다.

텔레비전을 켜려다 문득 멈춥니다.

"잠깐, 이 시간을 달리 보내보면 어떨까?"

유주는 차를 한 잔 우려 창가에 앉았습니다. 밤거리의 불빛들이 반짝입니다. 15년 전, 아이들이 어릴 때는 이런 고요한 순간을 그리

위했었지요. 하지만 정작 그 시간이 찾아오니 마음을 어떻게 다뤄야 할지 몰랐습니다.

마르쿠스 아우렐리우스는 매일 홀로 사색하는 시간을 가졌습니다. 그는 고독을 두려워하지 않았습니다. 오히려 그 시간을 통해 더 현명한 통치자가 되었고, 더 깊은 통찰을 얻었습니다.

> "사람들은 한적한 시골이나 해변, 산으로 도망치려 한다.
> 당신도 늘 그럴 수 있기를 바라지만, 사실 그것은 어리석은 일이다.
> 원하기만 하면 언제든지 자기 내면으로 물러나 쉴 수 있기 때문이다.
> 그 어떤 곳도 자신의 영혼보다 더 평온하고 방해 받지 않는 곳은 없다."
>
> ―명상록 4장 3절

유주는 천천히 고독과 친해지기 시작했습니다. 처음에는 하루 30분, 스마트폰을 멀리 두고 그림을 그리기 시작했습니다. 서툴렀지만, 붓을 움직이는 동안 마음이 차분해지는 것을 느꼈습니다.

다음으로 그녀는 저녁 산책을 시작했습니다. 아파트 단지를 한 바퀴 도는 동안, 문득 오래전 잊었던 꿈들이 떠올랐습니다. 젊은 시절하고 싶었던 것들, 미뤄두었던 배움들…, 고독은 그렇게 잊혀진 자신을 다시 만나는 시간이 되었습니다.

"혼자라서 외롭다기보다, 혼자여서 자유롭다."

어느 날 일기장에 쓴 문장입니다.

고독의 시간은 점차 그녀에게 특별한 선물이 되었습니다. 명상을 통해 내면의 소리에 귀 기울이고, 독서를 통해 새로운 세계를 만났습니다. 블로그에 글을 쓰기 시작했고, 가끔은 혼자 전시회도 다녔습니다.

놀라운 것은 이런 시간들이 오히려 다른 사람들과의 관계를 더 풍요롭게 만들었다는 점입니다. 자신을 더 깊이 이해하게 되면서, 타인도 더 깊이 이해할 수 있게 된 것입니다. 가족들과의 대화도 더 깊어졌고, 친구들과의 만남도 더 의미 있어졌습니다.

"엄마, 요즘 달라진 것 같아요."

큰아이가 말했습니다.

"전에는 항상 바쁘고 긴장된 것 같았는데, 이제는 왠지 편안해 보여요."

고독을 피하지 않고 받아들일 때, 우리는 내면의 힘을 발견하게 됩니다. 끊임없이 외부 소음으로 채우려 했던 공허함이 사실은 우리를 성장시키는 비옥한 땅이었음을 깨닫게 되는 것입니다.

혼자 있는 시간이 두렵게 느껴지나요? 그렇다면 그것은 아마도 진정한 자신을 만날 준비가 되어 있다는 신호일지도 모릅니다. 고독은 위험한 적이 아닌, 우리를 더 깊은 삶으로 이끄는 안내자입니다.

유주는 이제 말합니다.

"고독은 나를 채우는 시간이에요. 그 시간이 있어서 다른 모든 시간이 더 풍요로워져요."

> "내면의 휴식을 자주 스스로에게 허락하라.
> 그렇게 함으로써 자신을 새롭게 하고 활력을 되찾을 수 있다."
>
> —명상록 4장 3절

체크리스트

◇ 나는 혼자 밥을 먹거나 카페에 가는 것을 꺼리는 편인가? 혼자 시간을 보내면 불안하거나 심심해서 견디기 힘든가?

◇ 나만의 취미나 관심사가 있는가? 만약 대부분의 시간을 남과 함께하는 활동에 의존한다면, 혼자서도 즐길 수 있는 무언가를 가져보자.

◇ 하루 중 스마트폰, TV 등 외부 자극 없이 고요히 있는 시간이 얼마나 되는지 점검해보자. 완전한 혼자만의 고요함을 언제 마지막으로 경험했는지 떠올려보자.

하루 실천법

오늘 30분 고독 타임을 가져보세요. TV, 휴대폰, 컴퓨터를 모두 끄고 혼자 조용히 앉아 있어봅니다. 차를 마시며 창밖을 보거나, 가벼운 산책을 해도 좋습니다. 그 시간 동안 떠오르는 생각이나 느낌을 억누르지 말고 다 느껴보세요. 끝나면 어떤 기분이었는지 적어봅니다.

성찰 질문

- 나는 스스로와 친한가, 아니면 나 자신을 잘 모른 채 남의 의견이나 관계 속에서만 살아가고 있는가?
- 혼자 있음의 자유를 누릴 수 있다면 내 삶에 어떤 안정과 창의가 찾아올까?

건강을 지키다
몸과 마음의 균형 회복

32

"몸 또한 단정해야 하며, 움직이거나 쉴 때 어지럽게 흐트러져서는 안 된다. 마음이 얼굴에서 지성과 품위를 유지하는 것과 마찬가지로, 우리는 몸 전체에서도 이를 요구해야 한다. 그러나 이 모든 것들은 꾸밈없이 자연스럽게 지켜져야 한다."

—명상록 7장 60절

한밤중, 태규는 또다시 잠들지 못하고 있습니다. 머릿속은 내일의 업무로 가득했고, 어깨와 목의 통증은 더욱 심해졌습니다. 언제부터였을까요? 그의 하루는 피로로 시작해서 피로로 끝나게 되었습니다. 아침에는 피곤해서 알람을 수차례 미루다 겨우 일어나고, 퇴근 후에는 녹초가 되어 소파에 널브러집니다. 주말에도 쌓인 피로를 핑계로 움직이지 않았죠. "운동할 시간이 어디 있어?"라는 말은 그의 입버릇이 되었습니다.

건강검진 결과는 충격적이었습니다.

"이대로 가면 큰 병이 올 수 있습니다."

의사의 경고가 귓가를 맴돌았습니다.

마르쿠스 아우렐리우스는 로마 제국을 통치하는 막중한 책임 속에서도 매일 운동과 명상의 시간을 가졌습니다. 엄격한 절제 생활로 건강을 관리했고, 동시에 매일 명상을 통해 정신을 다스렸습니다. 그는 "영혼은 몸의 형태를 띠고, 몸은 영혼의 움직임을 따른다"는 식으로 신체와 정신의 조화를 중시했습니다. 육체와 정신이 하나의 시스템이라는 것을 알았기 때문입니다. 한쪽이 무너지면 다른 쪽도 함께 무너진다는 것을.

태규의 변화는 작은 것에서 시작되었습니다.

매일 아침 15분 일찍 일어나 스트레칭

점심시간에 10분 걷기

저녁에 5분 호흡 명상

처음에는 귀찮고 힘들었습니다. 하지만 2주가 지나자 변화가 느껴지기 시작했습니다.

아침에 눈이 저절로 떠졌습니다.

계단을 올라도 숨이 덜 찼습니다.

머리가 맑아지고 집중력이 높아졌습니다.

밤에는 더 깊은 잠을 잘 수 있었습니다.

한 달이 지났을 때, 동료가 물었습니다.

"요즘 뭐 좋은 일 있어요? 얼굴이 달라 보여요."

세 달이 지나자 더 큰 변화가 찾아왔습니다. 체중이 3kg 줄었고, 만성적인 어깨 통증이 사라졌습니다. 하지만 가장 큰 변화는 마음가짐이었습니다. 예전처럼 모든 것이 버겁게 느껴지지 않았고, 작은 일에도 더 긍정적으로 반응할 수 있게 되었습니다.

현대 신경과학은 운동과 명상이 뇌에 미치는 영향을 입증했습니다. 규칙적인 운동은 스트레스 호르몬을 감소시키고 행복 호르몬을 증가시킵니다. 명상은 불안과 우울을 줄이고 집중력과 창의성을 높입니다.

태규는 이제 점심시간이 기다려집니다. 동료들과 함께 시작한 '걷기 클럽'이 작은 즐거움이 되었기 때문입니다. 퇴근 후에는 가까운 공원에서 20분 걷기와 10분 명상이 그의 일과가 되었습니다.

"아빠, 요즘 덜 짜증내요."

어느 날 딸이 한 말에 그는 미소 지었습니다.

몸과 마음의 균형을 찾는다는 것은 단순히 건강해지는 것 이상의 의미가 있습니다. 그것은 삶의 모든 영역에 영향을 미칩니다. 관계가 개선되고, 일의 효율이 높아지며, 창의성이 늘어납니다.

우리는 종종 '시간이 없다'고 말합니다. 하지만 진정한 문제는 시간의 부족이 아닙니다. 우선순위 문제입니다. 건강을 잃으면 모든 것을 잃는다는 말처럼, 몸과 마음의 균형은 우리 삶의 기초입니다.

> "삶의 아름다움을 곰곰이 음미하라.
> 밤하늘의 별들을 바라보고, 그 별들과 함께 달리고 있는 자신을 그려보라."
>
> —명상록 7장 47절

체크리스트

◇ 최근 일주일간 땀을 흘릴 정도의 신체 활동을 한 적이 있는가? 없었다면 피로와 무기력의 원인 중 하나일 수 있다.

◇ 머리가 복잡하고 스트레스가 심할 때, 그것을 풀기 위해 건강한 방법(운동, 산책, 명상 등)을 쓰기보다 술이나 단 음식에 의존하지는 않는가?

◇ 휴일에 푹 쉬어도 피곤하다면, 몸은 쉬었지만 마음이 계속 일 생각으로 긴장한 것은 아닌지 점검해보자.

하루 실천법

오늘 15분 운동 + 5분 명상을 실천해보세요. 15분은 빠르게 걷거나 집에서 간단한 체조, 유튜브 홈트레이닝 따라하기 등으로 몸을 움직입니다. 그리고 이어서 5분은 조용히 앉아 눈을 감고 호흡에 집중하거나 명상 음악을 들으며 마음을 가라앉혀보세요. 짧은 시간이지만 끝내고 나면 몸과 마음이 한결 편안해짐을 느낄 수 있을 것입니다.

성찰 질문

- 나는 내 몸과 마음이 보내는 신호를 잘 알아차리고 있는가?
- 피로나 긴장이 쌓였을 때 그냥 참으며 방치하고 있진 않은지 돌아보자.
- 지속가능한 삶을 위해 내 일상에 운동과 마음 돌봄을 어떻게 더할 수 있을까?
- 지금 바로 실행할 한 가지는 무엇인가?

Meditation

"자연의 질서와 조화 속에서 모든 것이 연결되어 있음을 깨달아라. 그 연결됨은 신성한 것이다. 서로 낯선 것이 거의 없다. 너도 그 가운데 존재함을 기억하라."

—명상록 7장 9절

일상의 지혜와 영원한 가치

내면의 나침반 세우기

정념을 다스리다
감정의 지배 넘어서기

33

"분노와 괴로움이 우리에게 가져다주는 해는, 그 원인이 된 타인의 행동보다 훨씬 더 크다. 그러니 분노에 휘둘리지 마라."

— 명상록 11장 18절

영업부 부장 병호는 출근하자마자 데스크에 쌓인 서류와 쏟아지는 이메일에 짜증이 밀려왔습니다. 주요 거래처의 갑작스러운 계약 변경 요구, 팀원들의 실수, 상사의 압박까지…. 그의 화가 폭발한 것은 아침 회의에서였습니다. 신입사원의 사소한 실수를 두고 그는 모두가 놀랄 정도로 목소리를 높였습니다.

회의가 끝난 후, 병호는 자신의 분노에 놀랐습니다. 평소 자신이 아니었다는 것을 알았지만, 그 순간의 감정을 어쩔 수 없었다고 스스로를 변명했습니다. 하지만 그날 하루 종일 사무실은 무거운 침묵에 휩싸였고, 팀원들은 그를 피하는 듯했습니다. 중요한 의사결정을 앞두고 있었지만, 누구도 자발적으로 의견을 내지 않았습니다.

> "외부의 일이나 타인의 행동은 나를 해칠 수 없다. 오직 내 판단과 반응만이 나를 괴롭게 할 수 있을 뿐이다."
>
> —명상록 7장 14절, 7장 55절

마르쿠스 아우렐리우스는 감정, 특히 분노가 우리의 판단을 얼마나 흐리게 하는지 잘 알고 있었습니다. 그는 황제로서 엄청난 책임과 압박 속에서도 감정에 지배당하지 않으려 노력했습니다. 매일 아침 자신에게 상기시켰습니다. 오늘 어떤 어려운 상황과 사람을 만나더라도, 그것은 나를 해치려는 것이 아니라 각자의 관점에서 옳다고 생각하는 행동일 뿐이라고.

현대 심리학에서도 감정 조절의 중요성을 강조합니다. 분노나 불안 같은 강한 감정이 발생할 때, 우리 뇌의 전전두엽(이성적 판단을 담당하는 부분) 기능이 약화되고, 편도체(감정 반응을 관장하는 부분)가 활성화됩니다. 이런 상태에서는 현명한 결정을 내리기 어렵습니다.

병호가 변화를 결심한 것은 부장으로서 첫 인사평가를 앞두고서였습니다. 문득 그는 자신의 감정 기복이 팀원들에게 어떤 영향을 미쳤는지 깨달았습니다. 그는 스스로를 돌아보기 시작했습니다.

> "외부 상황 때문에 불가피하게 마음이 흔들릴 때

는 가능한 한 빨리 본래 자신에게 돌아가라. 그렇게 자주 연습할수록 평정심을 더 잘 유지하게 된다."

—명상록 6장 11절

병호는 자신만의 감정 다스리기 방법을 개발했습니다. 화가 치밀 때 잠시 자리를 뜨고 심호흡을 하거나, 중요한 이메일은 하루 밤 지나고 다시 검토한 후 보내는 습관을 들였습니다. 무엇보다 그는 매일 아침 출근길에 스스로에게 물었습니다.

"오늘 나의 감정이 나를 지배하게 둘 것인가, 아니면 내가 감정을 다스릴 것인가?"

두 달이 지나자 놀라운 변화가 생겼습니다. 팀 분위기가 달라졌고, 팀원들은 더 적극적으로 의견을 내기 시작했습니다. 실수가 줄어들었고 업무 효율도 높아졌습니다. 가장 큰 변화는 병호 자신에게 찾아왔습니다. 그는 더 이상 매일 퇴근 후 두통에 시달리지 않았고, 가족과의 시간도 더 즐겁게 보낼 수 있었습니다.

미팅 중 예상치 못한 질문을 받았을 때도, 불쾌한 이메일을 접했을 때도, 이제 그는 반사적으로 감정적 반응을 보이는 대신 잠시 멈추고 생각합니다. 그 짧은 순간의 차이가 그의 인생을 완전히 바꾸어놓았습니다.

정념을 다스린다는 것은 감정을 억압하거나 부정하는 것이 아닙니다. 그것은 감정을 인식하고, 이해하고, 그 감정이 우리 행동을 전적으로 지배하지 않도록 하는 것입니다. 마르쿠스 아우렐리우스가 가르쳤듯이, 우리는 외부 환경은 통제할 수 없지만, 그것에 대한 반응은 선택할 수 있습니다. 그리고 그 선택이 우리 삶의 질을 결정합니다.

체크리스트

◇ 최근 일주일간 감정에 휘둘려 후회했던 순간이 있는가?
◇ 나를 화나게 하는 특정 패턴이나 상황이 있는가? 그것을 미리 인식하고 있는가?
◇ 감정이 격해질 때 사용할 수 있는 나만의 '잠시 멈춤' 기술이 있는가?
◇ 나의 감정 표현이 주변 사람들에게 어떤 영향을 미치는지 관찰한 적이 있는가?

하루 실천법

오늘 하루 동안 '감정 관찰자' 되기를 실천해보세요. 감정이 일어날 때마다 그것을 관찰하고 이름 붙여보세요. "지금 나는 짜증을 느끼고 있구나" 또는 "이것은 불안이구나"라고 마음속으로 인정하세요. 그리고 그 감정이 행동으로 이어지기 전에 3초 동안 멈추고 심호흡을 해보세요. 하루가 끝날 때 이 관찰이 어떻게 당신 반응을 변화시켰는지 기록해보세요.

성찰 질문

- 나의 어떤 감정이 가장 자주, 가장 강하게 나를 지배하는가?
- 그 감정이 나의 판단과 관계에 어떤 영향을 미치는가?
- 정념에 휩쓸리지 않고 평정심을 유지했던 순간, 나는 어떤 내면의 힘을 발견했는가?
- 감정의 노예가 아닌 주인이 된다면, 내 삶은 어떻게 달라질 것인가?

깨달음을 구하다
내면의 진리 탐색하기

34

"외부에 있는 사물들은 너의 혼을 지배할 수 없고, 불안은 언제나 너의 내면에 있는 생각이나 판단에서 생겨난다."

—명상록 3장 4절, 7장 14절, 7장 55절

세 번의 이직과 두 번의 창업 실패 후, 51세 원준은 다시 취업 준비를 하고 있습니다. 이력서를 쓰는 동안 그는 자신의 경력이 마치 방향 없이 흔들리는 나뭇잎 같다고 느꼈습니다. 그동안 그는 보다 나은 연봉, 더 화려한 직함, 더 유망해 보이는 산업을 쫓아다녔습니다. 하지만 그 모든 변화 속에서도 진정한 만족감은 찾지 못했습니다.

어느 날 저녁, 오래된 일기장을 정리하다가 그는 대학 시절 썼던 글을 발견했습니다.

"나는 사람들이 더 나은 결정을 내릴 수 있도록 돕는 일을 하고 싶다."

잊고 있던 자신의 꿈이었습니다.

> "너 자신만의 내면의 영역으로 물러나라. 인간에게 자신의 영혼보다 더 고요하고 한적한 은신처는 없다. 그곳에서 평정을 누려라."
>
> —명상록 4장 3절

마르쿠스 아우렐리우스는 자신의 내면을 깊이 들여다보는 것의 중요성을 강조했습니다. 그에게서 진정한 지혜는 외부에서 오는 것이 아니라, 자신의 내면에 귀 기울이고 그 안에서 진리를 발견하는 것이었습니다.

현대사회는 끊임없이 외부에 집중하도록 우리를 유혹합니다. 다른 사람들의 SNS, 뉴스, 트렌드…, 이 모든 것들이 우리 시선을 바깥으로 돌립니다. 그 결과, 우리는 종종 자신의 내면의 소리를 듣지 못하게 됩니다. 우리가 진정으로 누구인지, 무엇을 원하는지에 대한 깨달음을 놓치는 것입니다.

원준은 일기장을 발견한 후, 자신의 삶을 다시 돌아보기로 결심했습니다. 그는 매일 저녁 30분씩 명상하며 자신에게 질문했습니다.

"내가 진정으로 원하는 것은 무엇인가?"

"어떤 일이 나에게 의미를 주는가?"

"내가 가장 행복했던 순간들의 공통점은 무엇인가?"

조금씩 답이 나오기 시작했습니다. 그는 항상 남들을 가르치고 조언하는 역할에서 즐거움을 느꼈다는 것을 깨달았습니다. 경력의 굴곡에도 불구하고, 그가 가장 성취감을 느꼈던 순간들은 동료나 후배의 성장을 도왔을 때였습니다.

> "지혜로운 자는 항상 자신을 관찰하고, 자신의 행동이 정의롭고 이성적인지 살핀다. 그는 결코 자신의 본성에서 벗어나지 않는다."
>
> ─명상록 3장 4절

원준은 이전과는 다른 방향으로 구직 활동을 시작했습니다. 높은 연봉이나 화려한 타이틀 대신, 코칭이나 멘토링 요소가 있는 직무를 찾기 시작했습니다. 결국 그는 신생 기업의 인재 개발 매니저 자리를 얻었습니다. 급여는 이전보다 낮았지만, 직원들의 성장과 발전을 돕는 역할이었습니다.

6개월이 지난 후, 원준은 오랜만에 진정한 만족감을 느꼈습니다. 그가 코칭한 직원들이 성장하는 모습을 볼 때마다 가슴이 뿌듯했습니다. 외부 기준이 아닌, 자신의 내면에 귀 기울임으로써 그는 마침내 자신의 길을 찾았습니다.

내면의 진리를 탐색한다는 것은 쉬운 일이 아닙니다. 그것은 용기를 필요로 합니다. 때로는 우리가 쫓아왔던 것들이 실은 우리 자신의 열망이 아니라, 사회나 타인의 기대였음을 깨닫는 용기. 그리고 그 깨달음 후에 새로운 방향으로 나아갈 용기가 필요합니다.

하지만 그 여정은 분명 가치 있습니다. 내면에서 우러나오는 진실된 목소리에 따라 살 때, 우리는 비로소 진정한 충만함과 조화를 경험할 수 있기 때문입니다. 마르쿠스 아우렐리우스가 가르쳤듯이, 우리 내면에는 이미 모든 답이 있습니다. 필요한 것은 그 목소리에 귀 기울이는 시간과 의지뿐입니다.

체크리스트

◇ 최근 나의 선택들은 내면의 가치관에 따른 것인가, 아니면 외부 기대나 압박에 따른 것인가?
◇ 나는 정기적으로 자신을 성찰하는 시간을 가지고 있는가?
◇ 내가 가장 만족감과 성취감을 느꼈던 경험들의 공통점은 무엇인가?
◇ 내 삶의 방향과 내가 진정으로 원하는 것 사이에 불일치가 있는가?

하루 실천법

오늘 저녁, 20분 동안 '내면 대화' 시간을 가져보세요. 조용한 공간에서 노트와 펜을 준비하고, "나는 언제 가장 살아있음을 느끼는가?"라는 질문에 답해보세요. 떠오르는 생각들을 검열 없이 모두 적어보세요. 그리고 그 답변들 사이에서 공통된 패턴이나 주제를 찾아보세요. 이 작은 통찰이 당신의 내면 진리에 더 가까워지는 첫걸음이 될 수 있습니다.

성찰 질문

- 나는 진정으로 나다운 모습으로 살고 있는가, 아니면 누군가의 기대에 맞추어 살고 있는가?
- 내 삶에서 목소리를 높이는 내면의 진실은 무엇인가, 그리고 나는 그것을 얼마나 존중하고 있는가?
- 만약 실패의 두려움, 타인의 시선 같은 외부 요인들이 없다면, 나는 지금 무엇을 하고 있을까?
- 10년 후의 나는 지금의 나에게 무엇을 조언해줄까?

단순함을 추구하다
복잡함 속의 본질 찾기

35

> "만약 평온을 원한다면, 더 적게 하라. 아니, 더 정확히 말해, 본질적인 것만 하라. 대부분의 말과 행동은 불필요하다. 그것을 없애면 더 많은 시간과 평온을 얻을 수 있다. 매 순간 스스로에게 물어보라. '이것이 정말 필요한가?'"
>
> ―명상록 4장 24절

서른 살부터 열심히 모으고 쌓아온 형배의 집은 물건들로 가득했습니다. 고급 가구, 최신 가전제품, 다양한 취미 장비, 옷장을 꽉 채운 옷들…. 주변 사람들은 그의 집과 소유물을 부러워했지만, 정작 그는 점점 더 숨쉬기 어려워지는 느낌이었습니다.

어느 날 저녁, 그는 거실 한가운데 앉아 주변을 둘러보았습니다. 모든 것이 그를 질식시키는 것 같았습니다. 책장의 읽지 않은 책들,

사용하지 않는 운동기구, 한번 입고 그대로 둔 옷들…. 그는 문득 깨달았습니다. 이 모든 것이 그에게 기쁨보다는 부담을 주고 있다는 것을.

> "자신을 단순함과 검소함으로 꾸미라. 선과 악 사이에 있는 것들에는 무관심하라. 인류를 사랑하라. 신을 따르라."
>
> —명상록 4장, 6장 등

마르쿠스 아우렐리우스는 로마 제국의 황제였음에도 검소하고 단순한 삶을 추구했습니다. 그에게 진정한 풍요로움은 물질적 소유가 아닌, 내면의 평화와 명료함에 있었습니다. 그는 삶의 중요한 것들을 명확히 구분하고, 불필요한 것들을 과감히 버림으로써 더 본질적인 가치에 집중할 수 있다고 믿었습니다.

현대 사회는 끊임없이 더 많은 것을 가지라고 우리를 부추깁니다. 더 큰 집, 더 좋은 차, 더 많은 옷, 더 다양한 경험…. 하지만 이런 끝없는 추구가 정말 우리를 행복하게 하는 걸까요? 심리학 연구에 따르면, 일정 수준 이상의 물질적 풍요는 행복감과 크게 연관이 없다고 합니다. 오히려 단순함과 명료함이 마음의 평화와 삶의 만족도를 높인다는 결과가 있습니다.

형배는 변화를 결심했습니다. 그는 한 달 동안 집 안의 모든 물건을 검토했습니다. 진정으로 가치를 느끼는 것들만 남기고, 나머지는 기부하거나 처분했습니다. 처음에는 어려웠지만, 하나씩 버릴 때마다 어깨의 짐이 덜어지는 느낌이었습니다.

그는 물건뿐만 아니라 자신의 일상도 단순화했습니다. 소셜 미디어 사용 시간을 줄이고, 불필요한 약속을 정리했으며, 하루의 루틴을 더 명확하게 설계했습니다. 무엇보다 그는 자신에게 중요한 가치가 무엇인지 정의하고, 그것에 맞는 삶을 살기 위해 노력했습니다.

> "내면을 깊이 파고들라. 그 안에는 선의 샘이 있다. 그리고 그 샘은 네가 원하기만 하면 언제든 솟아오를 준비가 되어 있다."
>
> —명상록 7장 59절

6개월이 지난 후, 형배의 집은 훨씬 단출해졌지만, 그의 마음은 더 풍요로워졌습니다. 그는 자신이 진정으로 사랑하는 몇 가지 취미에 더 집중하게 되었고, 중요한 관계에 더 많은 시간을 투자할 수 있게 되었습니다. 무엇보다 그는 일상의 작은 순간들, 아침 커피 한 잔의 향기, 창문으로 들어오는 햇살, 저녁 산책의 바람 같은 것들에서 더 큰 기쁨을 발견하게 되었습니다.

단순함을 추구한다는 것은 단지 물건을 버리는 것 이상의 의미가 있습니다. 그것은 자신의 삶에서 진정으로 중요한 것이 무엇인지 명확히 하고, 그에 집중하는 것입니다. 불필요한 복잡함, 혼란, 산만함을 줄이고, 본질적인 것들에 마음과 에너지를 쏟는 것입니다.

마르쿠스 아우렐리우스가 가르쳤듯이, 우리에게 정말로 필요한 것은 생각보다 훨씬 적습니다. 그리고 그 적은 것들에 집중할 때, 우리는 오히려 더 큰 풍요로움과 평화를 경험할 수 있습니다.

체크리스트

◇ 나의 물리적 공간(집, 사무실 등)이 불필요한 물건들로 채워져 있는가?

◇ 매일의 일정이 정말 중요한 활동들로 구성되어 있는가, 아니면 습관적으로 하는 일들로 가득 차 있는가?

◇ 나는 정기적으로 내 삶에서 무엇이 중요한지 점검하는 시간을 가지는가?

◇ 소유물이나 활동들이 내게 기쁨을 주는지, 아니면 부담을 주는지 구분할 수 있는가?

하루 실천법

오늘 하루는 '불필요한 것 줄이기 날'로 정해보세요. 아침에 일어나서 가장 먼저, 옷장에서 1년 이상 입지 않은 옷 세 벌을 골라 아름다운 가게 같은 단체에 기부할 준비를 하세요. 하루 동안 스마트폰 사용 시간을 절반으로 줄이고, 그 대신 창밖을 바라보거나 호흡에 집중하는 시간을 가져보세요. 저녁에는 다음 날 할 일 목록을 작성하되, 정말 중요한 일 3가지만 적어보세요. 이런 작은 단순화가 어떤 느낌을 주는지 관찰해보세요.

성찰 질문

- 내 삶에서 가장 큰 복잡함과 혼란을 가져오는 것은 무엇인가?
- 내가 더 단순하고 의미 있는 삶을 살기 위해 버려야 할 것은 무엇인가? (물건, 습관, 관계 등)
- 5년 후, 지금의 소유물과 활동, 관계 중 무엇이 여전히 중요할까?
- 나에게 진정한 풍요로움과 행복을 가져다주는 단순한 기쁨은 무엇인가?

진정성을 지키다
가면을 벗고 참된 자아 살기

36

"아침에 눈을 뜨면 이렇게 생각하라. 나는 오늘 남의 일에 참견하거나, 은혜를 모르며 교만하고 거짓을 일삼거나, 질투하거나, 비사교적인 자와 만날 것이다. 그러나 나는 그 어떤 사람으로 인해 상처 받지 않으리라."

─명상록 2장 1절

소셜 미디어 마케팅 회사에서 일하는 정주는 남들이 부러워하는 삶을 살고 있습니다. 매일 새로운 트렌디한 장소들을 방문하고, 세련된 옷을 입고, 완벽해 보이는 이미지를 온라인에 공유했습니다. 그녀의 인스타그램은 화려한 파티, 고급 레스토랑, 이국적인 여행지로 가득 차 있습니다.

하지만 카메라 뒤에 숨겨진 현실은 달랐습니다. 화려한 이미지를 유지하기 위해 그녀는 끊임없이 무언가를 증명해야 한다는 압박에 시달렸고, 진정한 자신의 모습은 점점 더 멀어져갔습니다. 밤이 깊어 홀로 남겨질 때마다 그녀는 묻곤 했습니다.

"이것이 정말 내가 원하는 삶일까?"

"가식은 무서운 사기꾼이다."

—명상록 6장 13절

마르쿠스 아우렐리우스는 로마 황제라는 최고의 권력자였음에도, 진정성의 가치를 중요시했습니다. 그는 매일 밤 자신의 행동이 자신의 가치관과 일치했는지를 성찰했습니다. 황제라는 외적 역할에도 불구하고, 그는 내면에서 참된 자신을 잃지 않기 위해 끊임없이 노력했습니다.

현대 사회에서는 이러한 진정성을 유지하기가 더욱 어려워졌습니다. 소셜 미디어는 우리에게 자신의 삶을 포장하고 편집하도록 유혹합니다. 직장에서는 특정한 이미지를 유지해야 한다는 압박이 있고, 사회적 관계에서도 기대에 부응해야 한다는 부담이 있습니다. 이런 환경 속에서 많은 사람들이 여러 개의 가면을 쓰며 살아갑니다. 하지만 그 과정에서 진정한 자신을 잃어버리는 경우가 많습니다.

정주의 전환점은 한 고객과의 저녁 식사에서 왔습니다. 그 고객은 자신이 실패한 프로젝트와 그로부터 배운 교훈에 대해 솔직하게 이야기했습니다. 그 취약함과 솔직함에 깊은 인상을 받은 정주는 그날 밤 자신의 SNS를 돌아보았습니다. 그곳에는 실패나 시행착오, 진짜 감정이 들어갈 자리가 없었습니다. 오직 완벽하게 편집된 순간들만 있었죠.

그녀는 변화를 결심했습니다. 먼저 가까운 친구들에게 자신의 진짜 고민과 두려움을 털어놓았습니다. 놀랍게도 그 솔직함이 더 깊은 관계로 이어졌습니다. 회사에서도 그녀는 모든 것을 알고 있는 척하는 대신, 모르는 것은 솔직히 인정하고 배우려는 태도를 보이기 시작했습니다. 그리고 점차 SNS에서도 더 진실된 모습들을 공유하기 시작했습니다.

> "이제 더 이상 선한 사람은 어떠어떠해야 하는지 토론하지 말고, 그런 사람이 되라."
>
> ―명상록 10장 16절

1년이 지난 후, 정주의 삶은 겉으로 보기에는 덜 화려해졌을지 모르지만, 내면의 만족감은 훨씬 커졌습니다. 그녀는 모든 순간 완벽해 보여야 한다는 압박에서 벗어나, 있는 그대로의 자신을 받아들이게 되었습니다. 흥미롭게도, 그녀의 더 진정성 있는 콘텐츠는 오히려 더 많은 이들에게 공감을 얻었고, 이는 직업적으로도 새로운 기회로 이어졌습니다.

진정성을 지키는 것은 결코 쉽지 않습니다. 그것은 거절당하거나 비판받을 위험을 감수해야 할 때도 있습니다. 하지만 그 위험은 감수할 만한 가치가 있습니다. 진정한 자신으로 살 때, 우리는 더 깊은 관계, 더 의미 있는 성취, 그리고 무엇보다 내면의 평화를 경험할 수 있기 때문입니다.

마르쿠스 아우렐리우스가 가르쳤듯이, 삶의 모든 역할과 의무 속에서도 우리는 자신의 본질을 잃지 않을 수 있습니다. 그리고 그 본질에 충실할 때, 우리 삶은 진정한 의미와 가치를 찾게 됩니다.

체크리스트

◇ 나의 외적 이미지와 내적 현실 사이에 큰 괴리가 있는가?
◇ 특정 상황이나 관계에서 진정한 자신을 표현하지 못하고 있는가?
◇ 나는 내 생각이나 감정을 숨기고 다른 사람들이 원하는 것을 말하는 경우가 많은가?
◇ 내가 진정으로 중요하게 여기는 가치와 일상의 행동이 일치하는가?

하루 실천법

오늘 하루는 '진정성의 날'로 정해보세요. 하루 동안 최소한 세 번의 순간에서 완전히 솔직하게 생각과 감정을 표현해보세요. 예를 들어, 동료의 제안에 정말로 생각하는 바를 공유하거나, 사랑하는 사람에게 평소에 표현하지 못했던 감사의 마음을 전하거나, SNS에 가식 없는 진짜 생각이나 경험을 공유해볼 수 있습니다. 이 경험이 가져오는 해방감과 연결감을 관찰해보세요.

성찰 질문

- 내가 가장 진정성 있게 느껴지는 순간은 언제인가? 그리고 가장 가식적으로 느껴지는 순간은 언제인가?
- 내가 쓰고 있는 '가면'들은 무엇이며, 그것들은 나를 어떻게 제한하고 있는가?
- 더 진정성 있는 삶을 산다면, 내 인간관계와 직업적 성취는 어떻게 달라질까?
- 내가 세상에 남기고 싶은 진짜 유산은 무엇인가? 그리고 그것을 위해 진정성은 어떤 역할을 하는가?

디지털을 다스리다
정보 과잉 시대의 평정심 유지하기

37

"너는 네 자신이 원할 때마다 네 자신 속으로 물러나서 쉴 수 있다. 사람이 모든 근심과 걱정에서 벗어나서 고요하고 평안하게 쉬기에는 자신의 정신보다 더 좋은 곳이 없다."

―명상록 4장 3절

IT 기업에 다니는 성고는 하루 종일 디지털 기기에 둘러싸여 살았습니다. 업무용 노트북과 스마트폰은 물론, 집에서도 태블릿으로 뉴스를 읽고, TV로 드라마를 보고, 게임기로 여가를 보냈습니다. 끊임없는 알림, 이메일, 메시지, 그리고 뉴스 피드의 홍수 속에서 그는 점점 더 산만해지고 초조해지는 자신을 발견했습니다.

밤에는 잠들기 전까지 스마트폰을 들여다보다가 뒤척이며 잠들었고, 아침에 눈을 뜨자마자 첫 번째로 하는 일도 스마트폰 확인이었습니다. 그는 무언가를 놓칠까봐 두려웠고, 항상 "연결되어 있어야" 한다고 느꼈습니다.

어느 날 저녁, 지하철에서 스마트폰 배터리가 방전된 성고는 처음으로 빈 손으로 집에 돌아가야 했습니다. 처음에는 불안했지만, 점차 주변을 둘러보기 시작했습니다. 사람들 표정, 창밖 풍경, 자신의 호흡 소리…, 오랜만에 그는 현재의 순간에 온전히 존재했습니다.

> "인간에게 자신의 영혼보다 더 조용하고 한적한 은신처는 없다. 그 은신처에 은신하는 기회를 늘 마련하여 너 자신을 새롭게 하라."
>
> ―명상록 4장 3절

마르쿠스 아우렐리우스는 물론 현대의 디지털 세계를 알지 못했지만, 그의 지혜는 현대인의 문제에도 깊은 통찰을 제공합니다. 그는 외부 자극과 불필요한 정보가 마음의 평화를 해치고 집중력을 분산시킨다는 것을 알고 있었습니다. 로마의 정치적 소용돌이 속에서도, 그는 항상 자신의 내면에 고요한 공간을 유지하려 노력했습니다.

오늘날 디지털 기술은 우리에게 많은 혜택을 가져다주었지만, 동시에 전례 없는 도전도 제시합니다. 우리 뇌는 하루에 처리하는 정보량이 불과 30년 전의 몇 배에 달하지만, 뇌의 기본 구조는 변하지 않았습니다. 그 결과, 많은 사람들이 주의력 결핍, 불안, 수면 장애 등의 문제를 겪고 있습니다.

성고는 자신의 디지털 습관을 다시 생각해보기로 했습니다. 그는 아침 기상 후 1시간과 취침 전 1시간은 스마트폰 사용을 중단하기로 결심했습니다. 이때 그는 명상, 독서, 또는 단순히 자신의 생각을 정리하는 시간을 갖기로 했습니다. 또한 업무 시간에는 알림을 끄고 특정 시간대에만 이메일을 확인하는 습관을 들였습니다.

처음에는 매우 어려웠습니다. 마치 금단 증상처럼 그는 자신이 끊임없이 스마트폰 쪽으로 끌어당겨지는 것을 느꼈습니다. 하지만 점차 그는 새로운 리듬을 찾아갔고, 이 '디지털 디톡스' 시간이 점점 더 소중하게 느껴졌습니다.

> "스스로의 내면에 집중함으로써, 주변의 산만함에 흔들리지 않는 단단한 성채를 쌓아라. 그곳으로 피신하면 흔들리지 않을 수 있다."
>
> ―명상록 8장 48절

3개월이 지난 후, 성고는 놀라운 변화를 경험했습니다. 그의 수면 질이 개선되었고, 업무 집중력도 높아졌으며, 무엇보다 내면의 평화를 느끼게 되었습니다. 그는 더 이상 모든 소식과 트렌드를 따라가야 한다는 압박감에서 벗어났고, 대신 자신에게 정말 중요한 정보만 선택적으로 받아들이게 되었습니다.

흥미롭게도, 그의 창의력도 향상되었습니다. 지속적인 자극과 정보 흡수에서 벗어나, 생각이 숙성될 수 있는 여백을 가짐으로써 그는 더 깊고 창의적인 사고를 할 수 있게 되었습니다. 이는 그의 업무 성과에도 긍정적인 영향을 미쳤습니다.

디지털 세계를 다스린다는 것은 기술을 거부하는 것이 아닙니다. 그것은 기술이 우리 삶을 지배하도록 허용하지 않고, 오히려 우리가 기술을 의식적으로 활용하는 것을 의미합니다. 마르쿠스 아우렐리우스가 가르쳤듯이, 우리 내면의 평화는 외부 환경에 달려 있지 않습니다. 그것은 우리가 외부 자극에 어떻게 반응하고, 얼마나 의식적으로 주의를 기울이는가에 달려 있습니다.

체크리스트

◇ 하루 중 스마트폰이나 다른 디지털 기기를 확인하는 빈도는 어떠한가?

◇ 스마트폰이 없거나 인터넷 연결이 안 될 때 불안함을 느끼는가?

◇ 식사 시간, 친구와의 대화, 또는 자연 속에서도 디지털 기기를 확인하는가?

◇ 의식적으로 디지털 기기와 거리를 두는 시간이 하루 일과 중에 있는가?

하루 실천법

오늘 하루 '디지털 제한 구역'을 만들어보세요. 식사 시간, 취침 전 1시간, 그리고 아침 기상 후 30분은 모든 디지털 기기로부터 완전히 자유로운 시간으로 정해보세요. 이 시간 동안은 전화, 문자, 이메일, 소셜 미디어를 모두 끊고, 대신 독서, 명상, 대화, 또는 그저 창밖을 바라보는 등 아날로그 활동에 집중해보세요. 이 경험이 당신의 마음, 집중력, 그리고 전반적인 기분에 어떤 영향을 미치는지 관찰해보세요.

성찰 질문

- 디지털 기기와 정보의 홍수 속에서 나는 얼마나 주체적으로 살고 있는가?
- 기술이 나에게 가져다주는 진정한 가치는 무엇이며, 또 그것이 빼앗아가는 것은 무엇인가?
- 나의 내면에 고요한 공간, 아무런 외부 자극 없이도 편안할 수 있는 공간이 있는가?
- 디지털 세계와 더 건강한 관계를 맺는다면, 내 창의성, 관계, 생산성은 어떻게 달라질까?

자연과 교감하다
우주 질서 속에서 자아 찾기

38

"언제나 우주를 하나의 몸체요, 하나의 숨결을 가진 하나의 살아 있는 생명으로 여겨보라.

존재하는 모든 것과 새로 생겨나는 모든 것이 어떻게 한 뿌리에서 비롯되었는지,

그리고 그것들이 어떻게 서로를 따라 엮이고 어우러져 하나의 그물처럼 짜여 있는지를 가만히 그려보라."

— 명상록 4장 40절

서울 도심 한복판의 고층 빌딩 속에서 일하는 문희는 자신의 삶이 콘크리트와 유리로 둘러싸인 인공적인 세계에 갇혀 있다고 느꼈습니다. 매일 같은 실내 공간, 형광등 아래에서의 시간, 디지털 화면과의 끊임없는 상호작용…. 어느 순간부턴가 그녀는 심리적 피로와 소

진을 느끼기 시작했습니다.

한 주말, 오랜 친구가 그녀를 서울 근교의 한 수목원으로 초대했습니다. 처음에는 내키지 않았지만, 마지못해 동행한 그날이 문희의 삶을 바꿔놓았습니다. 숲속을 걷고, 맑은 공기를 마시고, 나무와 새들의 소리를 들으면서 그녀는 오랫동안 잊고 있던 무언가를 다시 느꼈습니다. 마치 고향에 돌아온 것 같은 안정감, 그리고 더 큰 무언가와 연결되어 있다는 느낌이었습니다.

마르쿠스 아우렐리우스에게 자연은 단순한 배경이 아니었습니다. 그것은 인간이 배우고 조화를 이루어야 할 위대한 스승이었습니다. 그는 자연의 변화, 순환, 그리고 조화 속에서 깊은 지혜를 발견했으며, 인간 또한 이 거대한 자연의 일부라는 것을 강조했습니다.

현대 과학도 자연과의 교감이 인간의 신체적, 정신적 건강에 미치는 긍정적 효과를 입증하고 있습니다. '산림욕(forest bathing)'이라는 개념은 일본에서 시작되어 전 세계로 퍼졌는데, 숲에서 시간을 보내는 것만으로도 스트레스 호르몬이 감소하고 면역 체계가 강화된다는 연구 결과가 있습니다. 또한 자연 속에서의 경험은 주의력 회복, 창의성 증진, 그리고 내면의 평화를 가져다준다고 합니다.

문희는 그 산책 이후로 작은 변화들을 시작했습니다. 매주 주말마다 가까운 공원이나 산을 찾아 산책하는 시간을 만들었고, 베란다에 작은 화분들을 두어 식물을 돌보기 시작했습니다. 점심시간에는 건물 밖으로 나가 햇빛을 느끼며 짧게라도 걷는 습관을 들였습니다.

특히 그녀는 자연의 변화와 순환에 더 주의를 기울이게 되었습니다. 달의 변화, 계절의 전환, 날씨의 흐름…. 이전에는 그저 지나쳤던 이러한 자연의 리듬에 맞추어 자신의 삶도 조율해보았습니다. 예를 들어, 보름달이 뜨는 밤에는 일찍 일을 마치고 달을 보며 명상하는 시간을 가졌고, 계절의 변화에 맞춰 먹는 음식과 활동에도 작은 변화를 주었습니다. 의식적인 노력으로 시작된 선택들이었지만 점점 그 일상에 젖어들어갔습니다.

> "자연의 질서와 조화 속에서 모든 것이 연결되어 있음을 깨달아라. 그 연결됨은 신성한 것이다. 서로 낯선 것이 거의 없다. 너도 그 가운데 존재함을 기억하라."
>
> ―명상록 7장 9절

6개월이 지난 후, 문희는 자신의 변화에 놀랐습니다. 만성적인 두통이 줄어들었고, 수면의 질이 개선되었으며, 전반적인 스트레스 수준이 낮아졌습니다. 더욱 놀라운 것은 그녀의 창의력과 문제 해결 능력이 향상되었다는 점입니다. 자연 속에서 시간을 보내면서 그녀는 새로운 통찰과 아이디어를 얻게 되었고, 이는 직장에서의 성과로도 이어졌습니다.

엄청난 변화를 준 것이 아니었습니다. 큰돈이 들지도 않았습니다. 일상에 작은 변화를 주었을 뿐인데 자연과의 교감은 문희에게 철학적 차원의 변화까지 가져다주었습니다. 그녀는 자신이 독립된 개체가 아닌, 더 큰 전체의 일부라는 것을 실감하게 되었습니다. 이러한 시각은 그녀가 삶의 작은 문제들을 더 넓은 맥락에서 바라보고, 일상의 압박에서 한발 물러나 볼 수 있게 해주었습니다.

자연과 교감한다는 것은 단순히 야외활동을 더 하는 것 이상의 의미가 있습니다. 그것은 우리가 자연의 일부임을 인식하고, 그 질서와 지혜를 우리 삶에 반영하는 것입니다. 마르쿠스 아우렐리우스가 가르쳤듯이, 자연과의 조화 속에서 우리는 더 깊은 평화와 지혜를 발견할 수 있습니다.

> **체크리스트**
>
> ◇ 일주일에 얼마나 자주 자연 속에서 시간을 보내는가?
> ◇ 계절의 변화, 달의 주기, 일출과 일몰 같은 자연의 리듬을 인식하고 있는가?
> ◇ 내 생활 공간에 자연 요소(식물, 자연 소리, 자연광 등)가 충분히 있는가?
> ◇ 일상의 스트레스와 압박 속에서 자연으로 돌아가는 것을 해소 방법으로 활용하고 있는가?

하루 실천법

오늘 하루는 '자연 연결의 날'로 정해보세요. 아침에 일어나서 가장 먼저 창문을 열고 깊게 숨을 들이마시며 하늘을 바라보세요. 가능하다면 점심시간에 가까운 공원이나 녹지를 찾아 15분간 걸어보세요. 걸으면서 주변의 식물, 곤충, 새들을 의식적으로 관찰해보세요. 저녁에는 밖에 나가 별이나 달을 바라보는 시간을 가져보세요. 이런 작은 자연과의 교감이 당신의 기분과 에너지에 어떤 변화를 가져오는지 주목해보세요.

- 내 삶에서 자연과의 연결이 끊어졌다고 느끼는 부분은 어디인가?
- 자연의 순환과 변화에서 내가 배울 수 있는 지혜는 무엇인가?
- 더 큰 자연의 일부로서, 나는 어떻게 더 조화롭게 살아갈 수 있을까?
- 도시 생활에서도 자연과의 연결을 유지하기 위한 창의적인 방법에는 무엇이 있을까?

노년을 준비하다
시간과 유한성에 대한 성찰

39

"우리는 생명이 날마다 줄어들고 생명의 남은 부분이 점점 작아진다는 점만 생각할 것이 아니라, 더 오래 산다고 할 때 과연 우리의 사고력도 여전하여 능히 사물을 이해하고 신에 관한 일과 인간에 관한 일을 고찰할 수 있을지도 생각해봐야 한다."

— 명상록 3장 1절

55세의 전자회사 이사 승언은 어느 날 문득 거울을 보며 깊은 생각에 잠겼습니다. 흰머리가 늘고, 주름이 깊어지고, 체력도 예전 같지 않았습니다. 그동안 그는 성공 커리어, 두 아이를 키우는 일, 그리고 매일매일의 일상에 몰두하느라 시간이 어떻게 흘러갔는지도 몰랐습니다. 이제 그는 은퇴까지 불과 몇 년 남지 않았다는 사실을 직면하게 되었습니다.

승언은 노년에 대한 막연한 두려움이 생겼습니다. 그동안 자신의 정체성은 주로 직업과 가족을 부양하는 역할에 맞춰져 있었기 때문입니다. "은퇴 후에 나는 누구이며, 무엇을 할 것인가?" 이 질문이 그를 괴롭혔습니다.

> "늙어간다는 것은 단지 어떤 활동의 끝이 아니라, 다른 형태의 활동의 시작이다. 그 새로운 활동은 너의 본성에 더 적합할 수도 있다."
>
> ─명상록 9장 21절

마르쿠스 아우렐리우스는 나이 듦을 삶의 자연스러운 과정으로 보았습니다. 그에게 노년은 단지 쇠퇴가 아니라, 다른 형태의 성장과 지혜의 시기였습니다. 그는 노년을 준비하는 최선의 방법은 일찍부터 내면의 가치를 함양하고, 물질적인 것들을 넘어선 만족을 찾는 법을 배우는 것이라고 믿었습니다.

현대 심리학에서도 성공적인 노화(successful aging)는 단순히 건강을 유지하는 것 이상의 의미를 가집니다. 그것은 계속해서 의미 있는 활동에 참여하고, 사회적 관계를 유지하며, 새로운 학습과 성장을 추구하는 것을 포함합니다. 연구에 따르면, 은퇴 후에도 목적의식을 가지고 활동적으로 살아가는 사람들이 더 건강하고 행복하다고 합니다.

승언은 노년을 의미 있게 준비하기 위한 계획을 세우기 시작했습니다. 먼저 그는 오랫동안 관심을 두었지만 미뤄왔던 관심사들을 탐색하기 시작했습니다. 역사에 관심이 있었던 그는 주말마다 역사 강좌를 듣기 시작했고, 점차 지역 역사 탐방 모임에 참여하게 되었습니다.

건강을 위해서는 격렬한 운동 대신 지속 가능한 습관에 초점을 맞췄습니다. 매일 아침 걷기, 체계적인 식단 관리, 충분한 수면을 우선시했습니다. 또한 그는 명상을 통해 내면의 평화를 찾는 법을 배웠고, 이는 그가 나이 듦에 대한 두려움을 다루는 데 도움이 되었습니다.

재정적으로도 준비를 했지만, 더 중요했던 것은 은퇴 후 삶에 대한 비전을 구체화하는 것이었습니다. 그는 자신이 쌓아온 경험과 전문성을 젊은 세대와 나눌 수 있는 방법을 모색했고, 회사와 소통하며 허락을 받고 겸직 가능한 중소기업의 고문으로 활동하기로 결정했습니다.

> "이 세상에서의 삶으로부터 퇴각하라는 신호가 나면 아주 기꺼이 물러나라. 늘 쾌활함을 잃지 말고 외부 도움 없이 네 자신의 힘으로 해나가며, 다른 사람이 주는 편안함을 물리치고 스스로 서라. 네가 스스로 바르게 서야 하고, 남의 도움을 받아 서거나, 남이 너를 바르게 세우게 해서는 안 된다."
>
> —명상록 3장 5절

2년이 지난 후, 승언은 은퇴를 생각하고 있지만 더 이상 막연한 두려움에 빠지지 않았습니다. 오히려 그는 새로운 장을 열어갈 자신감이 차올랐습니다. 그의 정체성은 이제 직업에만 묶여 있지 않았고, 다양한 관심사와 활동, 그리고 관계 속에서 더 풍요롭게 정의되었습니다.

특히 그는 나이 듦의 과정 자체에서 깊은 지혜를 발견했습니다. 젊었을 때 중요하게 여겼던 많은 것들이 이제는 덜 중요해 보였고, 반대로 당연하게 여겼던 것들의 가치를 더 깊이 이해하게 되었습니다.

노년을 준비한다는 것은 단순히 물질적, 신체적 준비를 넘어서는 의미가 있습니다. 그것은 삶의 모든 단계를 의미 있게 받아들이고, 각 단계가 가져다주는 독특한 지혜와 기회를 포용하는 것입니다. 마르쿠스 아우렐리우스가 가르쳤듯이, 우리의 삶은 시간의 길이가 아닌 그 깊이로 측정되어야 합니다.

체크리스트

◇ 은퇴 후의 삶에 대한 구체적인 비전이 있는가?
◇ 나이 듦에 따른 신체적 변화를 건강하게 수용하고 대비하고 있는가?
◇ 직업 외에도 의미와 만족을 주는 활동과 관계를 개발하고 있는가?
◇ 지혜와 경험을 다음 세대에게 전달할 방법을 생각해보았는가?
◇ 영적, 심리적 건강을 위한 습관을 형성하고 있는가?

하루 실천법

오늘 하루는 '미래의 나'를 위한 선물로 정해보세요. 10년 후의 자신에게 도움이 될 한 가지 활동을 선택해 실천해보는 거죠. 예를 들어, 오랫동안 배우고 싶었던 악기나 언어의 첫 수업을 예약하거나, 장기적인 건강을 위한 운동 루틴을 시작하거나, 은퇴 후에도 유지하고 싶은 새로운 관심사를 탐색해보세요. 그리고 이 활동이 미래의 당신에게 어떤 의미가 있을지 상상해보세요.

 성찰 질문

- 나는 노년의 삶을 어떤 모습으로 그리고 있는가? 그 비전은 내게 기쁨과 기대를 가져다주는가, 아니면 두려움을 주는가?
- 현재의 나와 미래의 나는 어떻게 연결되어 있는가? 지금의 선택들이 미래의 삶에 어떤 영향을 미칠 것인가?
- 나이 듦의 과정에서 얻게 되는 지혜와 통찰은 무엇이라고 생각하는가?
- 다음 세대에게 전하고 싶은 내 삶의 핵심 교훈은 무엇인가?

영원함을 생각하다
유한한 삶에서 무한한 의미 찾기

40

"육신에 속한 모든 것은 강물처럼 흘러가버리고, 삶이란 전쟁이며, 모든 것은 망각될 수밖에 없다."

―명상록 2장 17절

해질녘, 기섭은 아버지의 오래된 앨범을 보고 있었습니다. 젊은 시절의 아버지, 어린 시절의 자신, 그리고 이제는 모두 변해버린 장소들…. 시간의 흐름 앞에서 그는 깊은 감상에 빠졌습니다. 53세가 된 그는 요즘 자주 자신의 삶의 의미에 대해 고민하곤 했습니다. 매일의 노력과 성취, 관계들이 결국에는 모두 흘러가버릴 텐데, 과연 무엇이 진정으로 의미가 있는 것일까?

일찍 결혼한 친구들 중에는 벌써 손녀가 있는 친구도 있는데, 기섭에겐 40이 넘어 얻은 어린 딸이 있습니다. 어느 날 딸이 옆에 앉아 물었습니다.

"아빠, 사람들은 왜 늙어요?"

단순한 질문이었지만, 그것은 기섭의 마음을 깊이 울렸습니다.

> "시간은 일어나는 사건들로 된 강이며, 강물은 격류와 같다. 하나가 사라지면 즉시 또 다른 것이 그 자리를 대체한다."
>
> ―명상록 4장 43절

마르쿠스 아우렐리우스는 모든 것의 일시성과 변화의 필연성을 깊이 이해했습니다. 그에게 이 이해는 절망이 아닌, 오히려 더 깊은 의미를 찾는 출발점이었습니다. 그는 우리의 삶이 짧고 유한하다는 사실을 인정하면서도, 그 안에서 영원한 가치와 의미를 발견할 수 있다고 믿었습니다.

현대 실존주의 철학에서도 유한성에 대한 인식이 오히려 더 의미 있는 삶으로 이어질 수 있다고 말합니다. 우리가 시간의 제한을 알 때, 그 시간을 어떻게 쓸 것인가에 대해 더 진지하게 고민하기 때문입니다. 유한함에 대한 인식은 우리가 지금 이 순간을 더 소중히 여기고, 무의미한 것들에 시간을 낭비하지 않도록 해줍니다.

기섭은 어린 딸의 질문을 계기로 자신의 삶을 다시 바라보기 시작했습니다. 그는 단순히 시간의 흐름에 저항하거나 부정하기보다는, 그 흐름 속에서 영원한 의미를 찾고자 했습니다. 먼저 그는 자신이 행동할 때의 의도와 동기에 더 주의를 기울이기 시작했습니다. 단순한 성공이나 인정보다는, 그 행동이 가져오는 진정한 가치에 초점을 맞췄습니다.

그는 또한 자신의 지식과 경험을 다음 세대에게 전달하는 것의 중요성을 깨달았습니다. 아이들에게 단순한 교훈이 아닌, 자신의 진실된 경험과 깨달음을 나누기 시작했습니다. 이렇게 함으로써 그는 자신의 삶이 단지 개인의 경험으로 끝나는 것이 아니라, 더 큰 연결의 일부가 됨을 느꼈습니다.

> "너는 천년만년 살 것처럼 행동하지 마라. 죽음이 지척에 있다. 살아 있는 동안, 할 수 있는 동안 선한 자가 되라."
>
> —명상록 4장 17절

1년이 지난 후, 기섭의 시각은 크게 변화했습니다. 그는 이제 모든 것의 일시성을 두려워하기보다는, 그것을 삶의 자연스러운 리듬으로 받아들였습니다. 몸이 나이가 들고, 관계가 변하고, 환경이 바뀌는 것을 더 이상 부정적으로 보지 않게 되었습니다. 대신 그는 각 순간과 경험이 가져다주는 고유한 가치를 더 깊이 이해하게 되었습니다.

특히 그는 '지금 여기'에 더 충실하게 존재하는 법을 배웠습니다. 과거에 대한 회한이나 미래에 대한 불안에 사로잡히기보다, 현재의 순간을 깊이 경험하는 데 집중했습니다. 아이들과 놀 때는 온전히 그 시간에 몰입했고, 일할 때도 그 일이 가진 의미와 가치에 집중했습니다.

   가장 큰 변화는 그의 행동과 선택의 기준이 달라진 것이었습니다. 이제 그는 자주 스스로에게 묻곤 합니다. "이 행동이 단지 일시적인 만족을 주는가, 아니면 더 지속적인 가치를 창출하는가?" 그리고 "내가 떠난 후에도 남을 수 있는 선한 영향은 무엇인가?" 이러한 질문들이 그의 삶에 더 깊은 목적의식을 가져다주었습니다.

   영원함을 생각한다는 것은 현실을 부정하거나 죽음을 두려워하는 것이 아닙니다. 오히려 그것은 우리의 유한한 삶 속에서 영원한 의미와 가치를 발견하는 것입니다. 마르쿠스 아우렐리우스가 가르쳤듯이, 우리는 모든 것이 끊임없이 변하는 세상 속에서도 변하지 않는 진리와 선을 추구함으로써 영원함을 경험할 수 있습니다.

체크리스트

◇ 나는 삶의 유한성과 모든 것의 변화를 건강하게 받아들이고 있는가?
◇ 일상의 행동과 선택에서 더 지속적인 가치를 추구하고 있는가?
◇ 내 삶의 경험과 지혜를 다음 세대에게 전달할 방법을 찾고 있는가?
◇ 과거와 미래에 대한 걱정보다 현재 순간에 충실하게 살고 있는가?
◇ 개인의 성취를 넘어 더 큰 전체와의 연결성을 느끼고 있는가?

하루 실천법

오늘 하루는 '영원함의 렌즈'를 통해 살아보세요. 모든 행동과 선택을 할 때마다 "이것이 100년 후에도 의미가 있을까?"라는 질문을 던져보세요. 아침에 일어나 가족을 대할 때, 직장에서 동료와 소통할 때, 일상의 결정을 내릴 때 이 질문을 기억하세요. 그리고 저녁에는 당신이 오늘 한 행동 중 시간을 초월한 가치를 가진 것은 무엇이었는지 반성해보세요. 사랑의 표현, 지식의 나눔, 누군가를 도운 행동 등이 그러한 예가 될 수 있습니다.

성찰 질문

- 내가 떠난 후에도 세상에 남길 수 있는 가장 가치 있는 기여는 무엇일까?
- 유한한 시간 속에서 내가 추구해야 할 진정한 우선순위는 무엇인가?
- 모든 것이 변하고 사라지는 세상에서 변하지 않는 가치라고 생각하는 것은 무엇인가?
- 삶의 무상함을 받아들이는 것이 오히려 더 충만한 삶으로 이끄는 이유는 무엇일까?

Meditation

"자신을 현재에만 한정하라."
—명상록 7장 29절

변화와 성장

새로운 시작을 위하여

도전을 시작하다
변화는 두려운 것이 아니다

41

> "우주는 끊임없이 변화한다. 그리고 우리의 삶은 우리 생각이 만들어낸 것이다."
>
> ─명상록 4장 3절

15년간 한 회사에서 일해온 봉열의 하루는 완벽히 예측 가능했습니다. 아침 8시 30분 출근, 익숙한 업무 처리, 저녁 7시 퇴근. 안정적인 일상이었지만, 마음 한구석이 허전했습니다. 새로운 기술이 등장하고 업계가 급변하는데, 자신은 안전지대에 머물러 정체된 느낌이었습니다.

"나이 쉰다섯에 무슨 변화야…."

퇴근길 지하철에서 그녀는 한숨을 내쉬었습니다.

그러던 어느 날, 우연히 참석한 동창회에서 한 친구의 이야기를 듣게 되었습니다. 50대에 창업을 해서 제2의 인생을 시작했다는 이야기였습니다. 그 친구의 눈빛에서 봉열은 오랫동안 잊고 있던 무언가를 발견했습니다. 열정이었을까요, 아니면 삶의 생기였을까요?

다음 날 아침, 그녀는 평소보다 일찍 일어났습니다. 출근 전 1시간, 온라인 강의를 통해 새로운 기술을 공부하기 시작했습니다. 처음에는 낯선 용어들에 좌절감을 느꼈지만, 하나씩 이해되기 시작하면서 오히려 배움의 즐거움을 느꼈습니다.

마르쿠스 아우렐리우스는 변화를 자연의 섭리로 보았습니다. "봄이 여름이 되고, 여름이 가을이 되듯, 변화는 삶의 본질이다." 그는 변화를 두려워하기보다는 그것을 통해 성장하는 법을 가르쳤습니다.

> "변화가 두려운가? 그러나 변화 없이는 아무것도 존재할 수 없다. 뜨거운 목욕을 하려 하면서 땔나무가 그대로 있기를 바랄 수 있겠는가?
>
> 음식을 먹으면서 그것이 전혀 변하지 않기를 기대할 수 있겠는가?
>
> 어떤 생명 과정도 변화 없이는 일어날 수 없다. 이해되지 않는가?
>
> 당신 자신의 경우도 마찬가지다.
>
> 변화는 당신에게도, 그리고 자연에게도 그만큼 필수적인 것이다."
>
> ―명상록 7장 18절

한 달이 지났을 때, 봉열은 작은 변화들을 느끼기 시작했습니다. 아침 공부는 하루의 활력이 되었고, 새로운 지식은 업무에도 도움이 되었습니다. 무엇보다 달라진 것은 자신감이었습니다. "나도 할 수 있구나"라는 깨달음이 그녀의 시선을 더 넓은 세상으로 향하게 했습니다.

두 달째, 그녀는 더 큰 도전을 결심했습니다. 회사에서 새로 시작하는 디지털 전환 프로젝트에 자원한 것입니다. 동료들은 놀랐습니다. "봉열 씨가?" 하지만 그녀는 이미 달라져 있었습니다. 실패를 두려워하기보다는 배움의 기회로 보는 눈이 생겼기 때문입니다.

프로젝트는 쉽지 않았습니다. 밤늦게까지 공부해야 했고, 때로는 젊은 동료들에게 물어가며 배워야 했습니다. 하지만 그 과정 자체가 그녀에게는 새로운 활력이 되었습니다. 나이는 숫자에 불과했고, 중요한 것은 도전하는 마음가짐이었습니다.

6개월이 지났을 때, 예상치 못한 기회가 찾아왔습니다. 경쟁사에서 디지털 전환 경험자를 찾고 있었고, 봉열의 이력에 관심을 보인 것입니다. 면접 제안을 받았을 때, 그녀는 잠시 망설였습니다. 15년간 다닌 회사를 떠난다는 것이 두렵지 않을 리 없었습니다.

"하지만 6개월 전의 나였다면 이런 기회조차 없었겠지."

이 생각이 그녀의 등을 떠밀었습니다.

면접장에서 봉열은 당당했습니다. 나이를 극복하고 새로운 도전을 시작한 자신의 이야기, 그 과정에서 배운 것들을 진솔하게 나누었습니다. 면접관들은 그녀의 열정과 학습능력, 그리고 무엇보다 변화를 두려워하지 않는 태도에 깊은 인상을 받았습니다.

이직은 성공적이었습니다. 새로운 환경, 새로운 동료들, 더 큰 도전들…. 모든 것이 신선했습니다. 때로는 버거울 때도 있었지만, 그럴 때마다 그녀는 생각했습니다. "이것도 지나가겠지. 모든 변화는 결국 성장이야."

1년이 지난 어느 날, 동창회에서 옛 친구들을 만났습니다.
"봉열아, 너 달라졌어. 훨씬 젊어 보여."
누군가 말했습니다.
그녀는 빙그레 웃었습니다. 젊어 보이는 것은 아마도 그녀의 눈빛 때문일 것입니다. 변화를 두려워하지 않고 받아들이는 사람의 눈빛, 새로운 도전 앞에서 설레는 마음을 가진 사람의 눈빛이었으니까요.

도전이 두려운가요? 새로운 시작이 망설여지는지요? 그때 아우렐리우스의 말을 기억하세요!

"우주는 변화이고, 우리의 삶은 마음먹기에 달려 있다."

체크리스트

◇ 현재 내 삶에서 변화를 두려워하여 미루고 있는 일이 있는가? (예: 이직, 유학, 새로운 취미 도전 등) 그 변화를 가로막는 가장 큰 두려움은 무엇인지 구체적으로 적어보자.

◇ 과거에 용기 내 변화를 선택했던 경험이 있다면 떠올려보자. 그때는 무서웠지만 지나고 보니 어떠한 성장이 있었는가? 이 기억을 통해 현재의 두려움을 줄일 수 있을까?

◇ 늘 같은 방식, 같은 장소만 고집하는 습관이 있다면 조금 벗어나보자. 변화에 대한 유연성을 기르기 위해 내가 편한 루틴 중 하나를 바꿔볼 수 있을지 생각해보자.

하루 실천법

Comfort Zone 탈출미션을 수행해보세요. 오늘 평소와 다르게 행동하는 한 가지를 정해 실천합니다. 예를 들어 말수가 적었다면 일부러 직장에서 의견 한마디 더 해보기, 늘 먹던 점심 메뉴 대신 새로운 음식 시도하기, 혹은 퇴근 후 처음 가보는 동네 산책하기 등이 될 수 있습니다. 작은 도전을 해낸 뒤 스스로에게 "봐, 해보니 괜찮잖아?"라고 칭찬해주며 점차 도전을 늘려가세요.

성찰 질문

- 안전지대에 머물러 편안함을 느끼는 것도 좋지만, 그것이 나를 얼마나 성장시키고 있는가?
- 10년 후에도 지금과 똑같은 상태라면 후회는 없을까?
- 변화를 받아들이지 않아 생길 위험은 없을지(예: 시대에 뒤처짐, 후회)도 고민해보자.

변화를 선택하다
낡은 습관 버리기

42

"끝없는 시간이 남아 있는 것처럼 살지 말라.
죽음은 이미 당신을 그림자처럼 따라오고 있다.
살아 있는 동안, 그리고 아직 가능할 때 당신이
원하는 사람이 되어라."

—명상록 4장 17절

새벽 2시, 경환은 또다시 담배를 물었습니다. 하루 두 갑, 20년 넘게 이어온 습관이었습니다. 옆에는 반쯤 비워진 소주병이 놓여 있었고, 모니터 화면에는 끝나지 않은 업무 메일이 가득했습니다. 그의 하루는 늘 이렇게 끝났습니다.

"내일은 좀 일찍 자야지."

"담배도 줄여야 하는데…."

하지만 이런 다짐은 늘 그날 밤으로 끝났습니다.

변화의 계기는 예상치 못한 곳에서 왔습니다. 정기 건강검진에서 본 폐 사진은 충격적이었습니다. 의사는 단호했습니다.

"이대로 가면 5년 안에 큰 병을 얻을 겁니다. 선택은 당신 몫입니다."

마르쿠스 아우렐리우스는 습관의 힘을 잘 알고 있었습니다. 그는 자신이 좋지 못한 습관에 빠지지 않도록 매일 경계했습니다. "나태에 흐르지 말며, 쾌락에 자신을 내맡기지 말라"는 그의 명상 조언은 결국 스스로를 단련하라는 의미였습니다. 그는 매일 자신의 습관을 점검했고, 해로운 것들은 과감히 버렸습니다. "우리는 우리가 반복하는 것이 된다"는 그의 말은 습관이 어떻게 우리의 정체성을 형성하는지 보여줍니다.

> "네 마음이 이기적인 충동에 끌려다니는 노예처럼 되도록 내버려두지 마라.
> 　운명과 현재에 맞서 발버둥치고 미래를 불신하는 태도를 이제 그만 멈춰라."
>
> ─명상록 2장 2절

경환의 변화는 작은 것에서 시작되었습니다.
담배를 피우고 싶을 때마다 5분간 심호흡하기
술자리는 주 1회로 제한하고 9시면 귀가하기
밤 11시 이후엔 업무 메일 열지 않기

처음 3일은 지옥 같았습니다. 니코틴 중독 증상으로 손이 떨렸고, 습관적으로 담배를 찾는 손이 허공을 맴돌았습니다. 술자리를 거절하자 동료들의 핀잔도 들었습니다.

하지만 그는 버텼습니다. 금연 클리닉에 등록했고, 운동을 시작했습니다. 처음에는 5분도 뛰지 못했지만, 하루하루 조금씩 시간을 늘렸습니다. 퇴근 후 술자리 대신 수영을 배우기 시작했고, 주말에는 등산 모임에 나갔습니다.

한 달이 지났을 때, 첫 번째 변화가 찾아왔습니다.
아침에 일어나는 것이 한결 수월해졌습니다.
입안이 깨끗해졌고, 후각이 되살아났습니다.
불면증이 줄어들었습니다.
두 달째에는 더 큰 변화가 있었습니다.
체중이 4kg 감소했습니다.
혈압이 정상 범위로 돌아왔습니다.
일의 능률이 눈에 띄게 향상되었습니다.
"아빠, 요즘 냄새가 안 나요."
어느 날 딸이 건넨 말에 그는 뭉클한 감정을 느꼈습니다.

가장 어려웠던 것은 밤늦게 일하는 습관을 바꾸는 것이었습니다. 20년 가까이 이어온 업무 패턴을 하루아침에 바꾸기는 쉽지 않았습니다. 하지만 그는 방법을 찾았습니다.

아침 일찍 출근해서 중요한 일부터 처리하기
점심시간에 잠깐 낮잠 자기
저녁에는 가족과 시간 보내기

신기하게도 일의 양은 줄지 않았는데 효율은 올라갔습니다. 피곤한 밤에 힘들게 하던 일을 맑은 아침에 하니 실수도 줄고 창의력도 높아졌습니다.

6개월이 지난 어느 날, 경환은 옛 사진을 보다가 깜짝 놀랐습니다. 거울 속 자신의 모습이 완전히 달라져 있었기 때문입니다. 푸석했던 피부에 생기가 돌았고, 늘 피곤해 보이던 눈빛이 맑아졌습니다.

하지만 가장 큰 변화는 보이지 않는 곳에서 일어났습니다. 그는 더 이상 습관의 노예가 아니었습니다. 자신의 삶을 통제할 수 있다는 자신감이 생겼고, 그것은 다른 영역의 변화로도 이어졌습니다.

1년이 지난 지금, 경환은 말합니다.

"가장 어려운 것은 시작이었어요. 하지만 한번 변화의 맛을 보니, 다른 것들도 바꿀 수 있다는 용기가 생기더군요."

낡은 습관을 버리는 것은 고된 일이지만, 그것이 이루어졌을 때 얻게 되는 새로운 자유와 가능성은 그 노력을 충분히 보상해줄 것입니다.

"그릇된 행동을 그만두는 것은 언제나 가능하다.

그릇된 생각을 버리는 것도 마찬가지다.

기억하라. 마음을 바꾸고 교정을 받아들이는 것도 자유로운 행위다.

행동은 당신의 것이며, 당신의 결정과 당신 자신의 마음에 근거한 것이다."

—명상록 4장 12절

체크리스트

◇ 5년, 10년 넘게 이어온 내 습관 중에서 이제는 나에게 해롭거나 시대에 맞지 않는 것이 있는가? (예: 밤샘 생활, 일 중독, 편식 등)

◇ 그 습관을 지속함으로써 겪은 부정적 결과는 무엇인지, 또 반대로 끊어냈을 때 예상되는 긍정적 변화는 무엇인지 각각 목록으로 만들어보자.

◇ 과거에 어떤 나쁜 습관을 고치는 데 성공한 경험이 있다면, 그때 썼던 요령이나 환경 변화는 무엇이었는지 떠올려보고 이번에도 적용해보자.

하루 실천법

오늘부터 21일 습관 개선 도전을 시작해보세요. 바꾸고 싶은 습관 하나를 정하고, 앞으로 3주 동안 매일 그 습관을 끊거나 좋은 습관으로 대체합니다. 오늘은 첫날로서, 그 습관이 발동할 만한 시간이나 상황에 미리 대비하세요. 예를 들어 '밤 10시 이후 스마트폰 끊기'라면 9시 55분에 알람을 맞춰 두고, 10시에 폰 전원을 끄고 책을 읽기 시작합니다. 첫날 계획을 지켰다면 달력에 표시하고, 21일간 이어가보세요.

성찰 질문

- 내가 바꾸지 못하는 낡은 습관은 결국 나에 대한 믿음 부족과 연결될 수 있다. "나는 안 돼, 이미 글렀어" 하는 생각이 마음에 깔려 있진 않은가? 그렇다면 그것을 뒤집어 "나도 변할 수 있다"는 믿음을 갖는 것이 먼저다. 내가 과거에 해낸 다른 변화들을 기억하며, 왜 이번 변화도 가능할지 스스로를 설득해보자.

배움을 이어가다
지속적으로 배우고 호기심 유지하기

43

"당신에게 이성을 갖춘 정신이 있는가?
그렇다면 왜 그것을 사용하지 않는가?"

— 명상록 6장 26절

"이제 나이가 몇인데… 새로운 걸 배운다고?"

호아는 스마트폰 화면에 뜬 온라인 강좌 광고를 보며 한숨을 쉬었습니다. 직장 생활 15년 차, 그는 점점 세상이 너무 빨리 변한다고 느꼈습니다. 자녀들과 대화할 때마다 모르는 용어들이 쏟아졌고, 회사에서도 새로운 기술과 트렌드를 따라잡기가 벅찼습니다.

"아빠, NFT가 뭔지 알아요?"

큰아이의 질문에 그는 멋쩍게 웃을 수밖에 없었습니다.

변화의 계기는 우연히 찾아왔습니다. 같은 부서의 김 과장이 퇴근 후 대학원에 다닌다는 소식을 들은 것입니다. 나이는 비슷했지만, 그의 눈빛은 달랐습니다. 새로운 것을 배우는 즐거움으로 가득 차 있었습니다.

"지금 시작해도 늦지 않았을까요?"

호아의 질문에 김 과장은 웃으며 대답했습니다.

"늦었다고 생각할 때가 가장 빠른 때래요."

마르쿠스 아우렐리우스도 끊임없는 배움을 강조했습니다. 로마 제국의 황제였기에 현실에 안주할 수도 있었지만, 그는 매일 새로운 지식을 갈망했습니다. 그의 《명상록》은 단순한 일기가 아닌, 평생 학습자의 기록이었습니다.

> "나는 진리를 추구한다. 진리는 누구에게도 해를 끼치지 않는다.
> 해로운 것은 자기 자신을 속이며 무지 속에 머무르는 것이다."
>
> ―명상록 6장 21절

호아는 작은 것부터 시작했습니다. 매일 아침 30분 일찍 일어나 영어 팟캐스트를 듣기 시작했습니다. 처음에는 알아들을 수 있는 단어가 거의 없었지만, 한 달이 지나자 조금씩 귀가 트이기 시작했습니다.

주말에는 디지털 마케팅 온라인 강의를 듣기 시작했습니다. SNS, 검색 엔진 최적화, 콘텐츠 마케팅…, 생소한 용어들이었지만, 하나씩 이해하다 보니 재미가 붙었습니다. 특히 이 지식들이 실제 업무에도 도움이 된다는 것을 발견했을 때는 큰 보람을 느꼈습니다.

"아빠, 요즘 인스타그램도 하시네요?"

둘째가 놀란 듯이 물었습니다.

"응, 배우는 중이야. 너한테도 물어볼 게 많을 것 같은데?"

처음으로 아이와 디지털 세상에 대해 대화를 나눌 수 있게 되었습니다.

3개월이 지났을 때, 호아는 자신의 변화를 깨달았습니다. 예전처럼 새로운 것을 두려워하는 마음이 없어졌고, 오히려 호기심이 생겼습니다. 회의 때도 더 적극적으로 의견을 내게 되었고, 젊은 직원들과의 대화도 자연스러워졌습니다.

그는 이제 매일 한 가지씩 새로운 것을 배우는 것을 목표로 삼았습니다. 지하철에서는 전자책을 읽고, 운전할 때는 교육 팟캐스트를 들었습니다. 주말에는 독서모임에 참여해 다양한 분야 사람들과 생각을 나누었습니다.

"나이가 들수록 배움이 더 즐거워져요."

어느 날 그가 김 과장에게 말했습니다.

"전에는 몰랐는데, 경험이 있으니까 새로 배우는 것들이 더 잘 연결되더라고요."

6개월이 지난 어느 날, 회사에서 새로운 디지털 전환 프로젝트 리더를 뽑았습니다. 호아는 주저 없이 지원했고, 그동안의 학습 경험을 바탕으로 프레젠테이션을 했습니다. 결과는 성공적이었습니다.

"호아 씨가 많이 달라졌어요."

상사가 말했습니다.

"배움에 대한 열정이 정말 인상적입니다."

평생학습은 단순히 지식을 쌓는 것이 아닙니다. 그것은 삶에 대한 태도이며, 끊임없는 성장의 여정입니다. 나이는 숫자에 불과하며, 진정한 젊음은 호기심을 잃지 않는 데서 시작됩니다.

체크리스트

◇ 최근 1년간 새롭게 배운 기술이나 지식이 있는가? 없다면 마지막으로 배움의 설렘을 느낀 게 언제였는지 떠올려보자.

◇ 호기심을 느끼지만 시도해보지 못한 분야가 있다면 무엇인가? (예: 요리, 역사, 프로그래밍 등) 무엇이 그 시작을 가로막고 있는지 분석해본다.

◇ "이 나이에 뭘"이라는 생각 때문에 자신을 깎아내리고 있지는 않은가? 나이와 관계없이 배움에 성공한 주변 사례나 유명인을 찾아보며 용기를 얻어보자.

하루 실천법

오늘 한 가지 새로운 것 알기를 실천해봅니다. 평소 관심 있었지만 몰랐던 주제를 하나 정하고, 10분만 조사하거나 관련 영상을 보세요. 예를 들어 '와인의 종류'나 '최신 인공지능 기술'처럼 아무거나 좋습니다. 그리고 저녁에 가족이나 동료에게 "오늘 이런 걸 새로 알게 됐다"고 이야기해보세요. 작지만 이런 습관이 쌓이면 지식의 폭이 넓어집니다.

성찰 질문

- 지금 삶에서 정체되어 있다는 느낌이 들 때가 있는가?
- 그렇다면 그 돌파구는 새로운 것을 배우는 데 있을지도 모른다. 만약 10년 뒤 내 모습이 더 나아져 있길 바란다면, 지금 무엇을 배우기 시작해야 할까?
- 호기심이라는 불씨를 다시 지피기 위해 나는 오늘 무엇을 할 수 있을까?

신념을 세우다
나만의 철학을 가져라

44

"오로지 옳은 일을 하기만 하면 된다. 그 외에는 아무것도 중요하지 않다. 날씨가 춥건 덥건, 피곤하건 충분히 쉬었건, 남들에게 멸시를 받건 존경을 받건, 심지어 죽어가고 있건 다른 일로 바쁘건 말이다."

―명상록 6장 2절

늦은 밤, 인욱은 노트북 앞에 앉아 고민에 빠졌습니다. 거래처에서 제안한 편법적인 계약, 상사의 압박, 동료들의 "다들 그렇게 하는 거야"라는 말…. 무엇이 옳은지 판단하기가 점점 어려워졌습니다.

"나는 지금까지 무엇을 기준으로 살아온 걸까?"

이 질문은 그를 깊은 성찰로 이끌었습니다. 지금까지 그의 선택들은 대부분 남들의 기대나 사회적 압박에 따른 것이었습니다. 진정한 자신의 가치관은 어디에도 없었습니다.

마르쿠스 아우렐리우스는 이렇게 말했습니다. "다른 이들 생각에 휘둘리지 말라. 네 내면의 나침반을 따르라." 로마 제국의 황제조차도 확고한 자신만의 철학이 필요했던 것입니다.

> "스스로 똑바로 서라.
> 더 이상 남이 그대를 일으켜 세워주도록 내버려 두지 말라."
>
> —명상록 3장 5절

변화는 우연히 읽은 책 한 구절에서 시작되었습니다.
"당신이 가장 소중히 여기는 가치는 무엇인가?"
인욱은 처음으로 진지하게 자신의 가치관을 정리해보기 시작했습니다. 정직, 가족, 창의성…, 단어들을 적어가면서 그는 깨달았습니다. 최근 자신의 선택들이 이 가치들과 얼마나 멀어져 있었는지를.

그는 더 깊이 파고들었습니다. 존경하는 인물들의 삶을 연구하고, 다양한 철학 서적을 읽었습니다. 단순히 읽는 것이 아니라, 자신의 경험과 연결지어 생각했습니다. 그리고 천천히 자신만의 원칙들을 세워나갔습니다.

"정직하게 산다."

단기적 이익을 위해 원칙을 저버리지 않는 삶에 대해 생각했습니다.

"가족을 최우선으로 한다."
어떤 성공도 가족의 행복보다 우선할 수 없음에 대해서도 깨달아 갔습니다.

"평생 배우며 창의적으로 기여한다."
성장을 멈추지 않고 자신의 삶에 가치를 더하기 위해 평생 배움이 중요함도 느꼈습니다.

이러한 원칙들은 추상적인 선언에 그치지 않았습니다. 그는 매일 저녁 일기를 쓰며 자신의 행동이 이 원칙들과 얼마나 부합했는지 점검했습니다. 처음에는 쉽지 않았습니다. 때로는 원칙을 지키는 것이 손해로 여겨질 때도 있었습니다.

하지만 시간이 지날수록 변화가 찾아왔습니다. 의사결정이 더 명확해졌고, 내면의 갈등이 줄어들었습니다. 무엇보다 자신을 더 깊이 이해하게 되었습니다.

"원칙대로 살면 손해 보는 거 아닌가요?"
후배가 물었을 때, 인욱은 미소 지으며 대답했습니다.
"단기적으로는 그럴 수 있어. 하지만 장기적으로는 그게 가장 큰 이익이야."

실제로 그의 삶은 달라지기 시작했습니다. 정직하게 거래처를 대하자 신뢰가 쌓였고, 가족을 우선시하자 일의 효율도 올랐습니다. 끊임없이 배우고 창의적인 제안을 하자 자연스럽게 인정도 따라왔습니다.

어느 날 그는 예전 일기를 펼쳤습니다. 가치관이 흔들리던 그때와 지금을 비교하며, 그는 자신의 성장을 확인할 수 있었습니다. 더 이상 남들 시선에 흔들리지 않았고, 자신만의 중심을 가진 사람이 되어 있었습니다.

"철학은 책 속에만 있는 게 아니야."

후배들과의 대화에서 그가 말했습니다.

"우리 각자의 삶 속에서 만들어지는 거야."

현대 사회는 수많은 가치관이 충돌하는 전쟁터와 같습니다. 돈, 명예, 권력, 행복, 정의…, 어떤 것을 따라야 할지 혼란스럽기만 합니다. 하지만 그 속에서도 흔들리지 않는 자신만의 나침반을 가질 때, 우리는 진정한 자유를 얻을 수 있습니다.

체크리스트

◇ 지금 내 삶의 의사결정을 좌우하는 주된 기준은 무엇인가? 돈? 명예? 관계? 혹은 정의? 창의? 등등. 스스로 분석해보자.

◇ 혼란스럽거나 딜레마에 빠졌을 때, 참고할 만한 나만의 좌우명이 있는가? 없다면, 예전에 감명을 받은 명언이나 문장을 가져와도 좋으니 지침으로 삼을 말을 정해보자.

◇ 여러 가지 가치 중 충돌하는 상황을 겪은 적이 있는가?(예: 성공 vs 정직, 가족 vs 자기계발 등) 그때 어떻게 판단했으며, 만족하는가? 앞으로 그런 상황에서 지킬 나만의 원칙은 무엇일지 상상해보자.

하루 실천법

나만의 신념 다섯 가지를 적어보세요. 오늘 시간을 내어 노트에 "나는 ~를 중요하게 여긴다/믿는다" 형태로 다섯 문장을 써봅니다. 예를 들어 "나는 남에게 대접받고 싶은 대로 남을 대접한다", "나는 평생 배우며 성장한다" 등. 이 문장들을 눈에 잘 띄는 곳에 두거나 휴대폰 메모화면에 저장해두고 매일 한 번씩 읽어보세요.

성찰 질문

- 내가 정말 흔들리지 않게 붙잡고 있는 신념은 무엇인가?
- 만약 지금 떠오르지 않는다면, 내 인생에서 가장 후회 없는 선택들이 무엇이었고, 그 밑바탕에 어떤 가치가 있었는지 되짚어보자.
- 앞으로 어떤 상황에서도 지키고픈 삶의 원칙은 무엇인지, 그것이 나를 어떻게 단단하게 만들어줄지 상상해보자.

미래를 그리다
미래의 '나' 그려보기

45

"인간의 영혼은 그의 생각의 빛깔로 물들게 된다."

―명상록 5장 16절

 퇴근길 지하철에서 상민은 문득 깨달았습니다. 오늘도 그저 하루를 버텼을 뿐이라는 것을. 매일이 비슷했습니다. 출근, 업무, 퇴근. 그리고 내일도 같은 일상이 반복될 것이라는 예측. 하지만 정작 그 끝에 자신이 어디로 향하고 있는지는 알 수 없었습니다.
 "10년 후에도 이렇게 살고 있을까?"
 이 질문이 그의 마음을 무겁게 짓눌렀습니다.
 주말, 그는 도시 근교의 조용한 카페를 찾았습니다. 노트북 대신 빈 노트를 펼쳤습니다. 그리고 처음으로 진지하게 자신의 미래를 그려보기 시작했습니다.
 처음에는 막막했습니다. 하지만 천천히, 하나씩 질문을 던지며 답을 찾아갔습니다.

"10년 후의 나는 어떤 일을 하고 있을까?"

"가족들과는 어떤 관계를 맺고 있을까?"

"나의 건강 상태는? 취미 생활은?"

"사회에 어떤 기여를 하고 있을까?"

마르쿠스 아우렐리우스는 현재에 충실할 것을 강조했지만, 동시에 우리가 지향해야 할 이상적인 모습을 항상 마음에 그리고 있어야 한다고 말했습니다. 그것이 현재의 선택들을 올바른 방향으로 이끄는 나침반이 되기 때문입니다.

> "더 이상 훌륭한 사람이 어떠해야 하는지 말로 논하지 말라.
> 그저, 그런 사람이 되어라."
>
> ─명상록 10장 16절

상민의 노트에는 점차 구체적인 그림이 그려지기 시작했습니다.

"2034년의 어느 날, 나는 아침 6시에 일어나 가벼운 조깅을 한다. 회사에서는 신사업 부문의 임원으로, 젊은 직원들과 새로운 프로젝트를 이끈다. 주말에는 아내와 함께 사진을 찍으러 다니고, 때로는 대학생이 된 아이들과 여행을 간다. 취미로 시작한 사진이 이제는 작은 전시회를 열 정도가 되었다…."

이렇게 구체적으로 그려보니, 현재 자신에게 부족한 것들이 보이기 시작했습니다. 체력이 필요했고, 새로운 기술을 배워야 했으며, 가족과의 시간도 더 필요했습니다.

상민은 이 미래상을 현재와 연결하기 시작했습니다. 10년이라는 시간을 5년, 3년, 1년 단위로 쪼개어 중간 목표들을 설정했습니다. 그리고 당장 내일부터 할 수 있는 작은 행동들을 리스트업했습니다.

매일 아침 30분 일찍 일어나 운동하기

주말 하나는 온전히 가족과 보내기

매달 새로운 기술 하나씩 배우기

사진 수업 등록하기

놀랍게도 이 작업은 그의 현재를 바꾸기 시작했습니다. 더 이상 하루하루가 무의미한 반복이 아니었습니다. 모든 선택과 행동이 미래의 그림을 향해 한 걸음씩 나아가는 과정이 되었습니다.

6개월이 지났을 때, 상민은 자신의 변화를 실감했습니다. 체중이 줄었고, 새로운 자격증을 땄으며, 가족과의 관계도 더 돈독해졌습니다. 무엇보다 달라진 것은 눈빛이었습니다. 이제 그의 눈에는 목표가 있었고, 방향이 있었습니다.

"아빠, 요즘 달라진 것 같아요."

어느 날 딸이 말했습니다.

"그래? 어떻게?"

"더 젊어진 것 같아요. 뭔가 계획이 있어 보여요."

미래를 그린다는 것은 단순한 상상이 아닙니다. 그것은 우리 현재에 의미를 부여하고, 매 순간의 선택에 방향성을 제시합니다. 물론 모든 것이 계획대로 되지는 않을 것입니다. 하지만 방향성이 있는 삶과 없는 삶은 큰 차이가 있습니다.

> **체크리스트**
>
> ◇ 10년 후 내 나이는 몇 살이고, 세상은 어떻게 변해 있을지 생각해보자. 그때 나는 어떤 위치에 있고 싶은지 막연하라도 떠오르는 그림이 있는가?
>
> ◇ 내 머릿속 미래상이 혹 부정적인 시나리오에만 머물러 있지는 않은가?("나이 들면 병약하고 일자리도 없다" 같은) 만약 그렇다면, 긍정적이고 바람직한 미래상을 일부러라도 그려보는 연습이 필요하다.
>
> ◇ 과거에 내가 상상했던 현재의 모습과, 실제 현재 내 모습은 얼마나 일치하는가? 만약 차이가 있다면, 어떤 요소가 빠졌는지 혹은 계획과 달라졌는지 분석해보자.

하루 실천법

미래의 나에게 보내는 편지를 써보세요. 10년 후 혹은 5년 후의 나에게 하고 싶은 말을 편지 형식으로 적습니다. "~을 이루느라 수고했다", "지금 이런 삶을 살고 있겠지?" 등 미래의 내가 이루었을 법한 일들을 기정사실처럼 언급해보세요. 다 쓴 뒤 봉투에 넣어 잘 보관해두고, 스스로 약속합니다. "이 편지에 적은 내용들을 현실로 만들기 위해 나는 오늘부터 한 걸음씩 나아갈 것이다."

성찰 질문

- 내가 그리고 있는 미래는 내가 진정 원하는 것인가, 아니면 주변 기대나 사회 기준을 투영한 것인가?
- 남이 원하는 삶이 아닌 내가 원하는 삶의 그림을 그리는 것이 중요하다. 만약 내가 마음대로 미래를 그릴 수 있다면, 돈이나 남의 시선을 배제하고 순수한 내 열망으로 그리고 싶다면, 무엇을 그리고 싶은지 생각해보자.

인생을 설계하다
주도적인 인생 설계

46

"네 인생의 새로운 장을 열어갈 수 있는 힘은 오직 네 안에 있다. 세상을 바라보던 기존의 시각으로 다시 한번 주변을 둘러보라. 그 행위 자체가 바로 새로운 삶의 시작점이 될 것이다."

— 명상록 7장 2절

밤늦게까지 사무실에 남아 있던 예린은 문득 책상 위 거울에 비친 자신의 모습을 바라보았습니다. 좋은 대학, 안정적인 직장, 평범한 결혼생활…. 모든 것이 기대대로였지만, 왠지 모를 공허함이 그녀를 짓눌렀습니다.

"이게 정말 내가 원하던 삶일까?"

대학 시절, 그녀는 그림 그리기를 좋아했습니다. 캔버스 앞에 앉아 있을 때면 시간 가는 줄 몰랐죠. 하지만 부모님의 "안정적인 직장을 가져야 한다"는 조언에 미술은 취미로 접어두었습니다.

마르쿠스 아우렐리우스는 이렇게 말했습니다. "네 영혼을 다른 이의 손에 맡기지 말라." 원하는 것이라면 무엇이든 가능한 로마 제국 황제였기에 가능한 자신감일까요? 그렇지 않습니다. 그의 명상록뿐 아니라 많은 기록에서 그는 삶의 어려운 순간에도 자신만의 삶의 철학을 지키는 것이 얼마나 중요한지 강조했습니다.

> "아무리 이익이 될지라도 그것 때문에 자신의 약속을 어기거나 자기 존엄을 잃게 된다면
> 결코 그것을 이득이라고 여기지 말라."
>
> —명상록 3장 7절

어느 날 퇴근길, 예린은 우연히 한 갤러리에 들렀습니다. 전시된 그림들을 보며 그녀의 마음속에서 오랫동안 잠자고 있던 열정이 깨어났습니다. 그날 밤, 그녀는 처음으로 자신의 삶을 정직하게 들여다보기 시작했습니다.

노트 두 면에 아래 내용을 적어가기 시작했습니다.

◆ **왼쪽** 다른 사람들이 원하는 내 모습

◆ **오른쪽** 진짜 내가 원하는 삶

글을 쓰면서 그녀는 깨달았습니다. 지금까지의 삶이 얼마나 많이 다른 사람들의 바람에 따라 결정되어왔는지를.

변화는 작은 것에서 시작되었습니다.

먼저 퇴근 후 두 시간을 자신만의 시간으로 확보했습니다.

미술 학원에 등록했습니다.

주말 아침은 스케치북을 들고 카페에 가는 시간으로 정했습니다.

처음에는 주변의 우려 섞인 시선이 있었습니다.

"그 나이에 그림이라니…."

"안정적인 직장에 만족해야지…."

하지만 예린은 이제 흔들리지 않았습니다.

6개월이 지났을 때, 놀라운 변화가 찾아왔습니다. 그림 실력이 늘어난 것보다 더 중요한 것은 그녀의 전반적인 삶의 태도였습니다. 업무에서도 더 창의적인 제안을 하게 되었고, 가족과의 관계도 더 깊어졌습니다.

"엄마가 달라졌어요."

어느 날 딸이 말했습니다.

"더 행복해 보여요."

1년이 지난 후, 예린은 더 큰 결정을 내렸습니다. 회사와 협의하여 주 4일 근무로 전환하고, 나머지 시간은 작은 미술 교실을 운영하기로 한 것입니다. 수입은 줄었지만, 삶의 만족도는 크게 높아졌습니다.

"인생의 주인공이 되는 것은 모든 것을 바꾸는 것이 아니에요."

후배들과의 대화에서 그녀가 말했습니다.

"내가 진정으로 원하는 것을 알고, 그것을 향해 한 걸음씩 나아가는 거예요."

주도적인 삶이란 완벽한 삶이 아닙니다. 그것은 실수와 시행착오도 포함합니다. 하지만 그 실수조차도 내가 선택한 것이라는 점에서 의미가 있습니다. 그것이 진정한 자유의 시작입니다.

이제 예린은 매일 아침 거울을 보며 묻습니다.

"오늘 하루는 누구의 삶을 살 것인가?"

그리고 답합니다.

"나의 삶을 살겠다."

> "최고의 복수는 적, 내가 원하지 않는 사람의 삶과 똑같이 되지 않는 것이다."
>
> —명상록 6장 6절

체크리스트

◇ 지금까지 내 삶의 큰 결정들(전공 선택, 직업, 결혼 등)은 주로 누가 주도했는가? 나 스스로였는지, 부모/사회 권고에 따른 것이었는지 냉정히 돌아보자.

◇ 현재 내 생활에서 "사실은 남들이 원해서 하는 일"과 "진짜 내가 원해서 하는 일"을 각각 적어보자. 전자가 지나치게 많다면 균형이 필요하다.

◇ 언젠가 해보고 싶다고 막연히 생각만 해온 일이 있는가? 그것을 하지 못하게 붙잡는 외부 목소리는 무엇이고, 내부의 두려움은 무엇인지 써보자. 그리고 정말 못할 이유가 절대적인지 검토해보자.

하루 실천법

오늘 하나의 결정을 내릴 상황이 온다면, 잠시 멈추고 "이건 내 진짜 원하는 바에 따른 결정인가?" 자문해보세요. 예를 들어 저녁에 누구와 만날지, 주말에 뭘 할지 같은 사소한 것이라도 좋습니다. 습관이나 의무감 대신 내 마음이 가리키는 쪽을 택해봅니다. 작은 일부터 주도적으로 선택하는 연습을 해보세요.

성찰 질문

- 나는 혹시 지금 "어쩔 수 없이" 하는 일들에 내 대부분 시간을 쓰고 있지 않은가?
- 내가 주인공인 인생을 살기 위해 포기해야 할 것과 시작해야 할 것은 무엇인지 곰곰이 생각해보자.
- 만약 남의 기대와 진짜 내 꿈이 충돌한다면, 어느 쪽을 선택해야 후회가 적을지 마음에 솔직해져보자.

행동을 시작하다
오늘, 한 걸음 내딛기

47

"시작하라! 시작이 일의 절반이다. 아직 절반이 남아 있다면 다시 시작하라.
그러면 마침내 그 일을 끝마치게 될 것이다."

— 명상록 5장 1절

매주 월요일 아침, 정욱의 다이어리는 멋진 계획들로 가득했습니다. 다이어트, 책 쓰기, 자격증 취득 등. 하지만 금요일이 되면 그 페이지는 여전히 빈칸이었습니다. "다음 주부터는 정말 시작해야지" 하면서도, 그 '다음 주'는 영원히 오지 않는 듯했습니다.

어느 날 코칭 수업에서 강사가 물었습니다.

"당신의 계획 중 오늘 당장 할 수 있는 가장 작은 행동이 뭔가요?"

정욱은 머뭇거렸습니다. 모든 계획이 너무 크고 완벽해서, 작은 행동이라는 개념 자체가 낯설었습니다.

마르쿠스 아우렐리우스는 말합니다. "인생은 순간들의 연속이다. 각각의 순간이 그 자체로 충분하다." 그는 또한 지금, 순간의 선택의 중요성에 대해서도 강조했습니다.

"네가 도달하고자 하는 모든 것들을 지금 가질 수 있다.
단, 네 자신을 거부하지 않는다면 말이다."(명상록 12장 1절)

이는 거창한 미래의 계획보다 현재의 작은 행동, 지금이라는 순간의 주도적인 선택이 더 중요하다는 통찰을 담고 있습니다.

변화는 뜻밖의 순간에 찾아왔습니다.
"다이어트라면… 오늘 점심을 샐러드로 먹는 것이겠네요."
정욱의 입에서 나온 말이었습니다.
"바로 그거예요."
코치가 미소 지으며 말했습니다.
"집에 가는 길에 채소를 사세요. 지금 당장."
그날 저녁, 정욱은 처음으로 계획이 아닌 행동을 했습니다. 마트에서 채소를 사고, 집에서 도시락을 준비했습니다. 작은 일이었지만, 뭔가가 달라졌습니다.
다음 날, 그는 다른 계획들도 잘게 쪼개보기 시작했습니다.

◆ **책 쓰기** → 매일 10분 일기 쓰기

- **자격증 공부** → 하루 1강의 듣기
- **운동 시작** → 2분 스트레칭부터

현대 심리학에서는 이를 '작은 습관의 힘'이라고 부릅니다. 미국 최고의 자기계발 전문가 제임스 클리어는 "최고의 변화는 어떻게 만들어지는가?" 하는 질문에 "아주 작은 습관의 힘이 큰 변화를 만든다"는 사실을 전하기 위해 책을 쓰고, 강연을 통해 그 생각 나누는 일에 힘쓰고 있습니다. 그는 인생의 큰 변화는 "잠들기 전 1분 명상, 매일 책 읽기 1쪽, 틈날 때마다 팔굽혀펴기 1번 등, 너무나 사소해서 하찮게 느껴질 정도의 작은 반복이 만든다"는 사실을 강조합니다.

한 달이 지났을 때, 정욱의 삶에 작지만 의미 있는 변화들이 생겨난 것도 이와 같은 원칙을 실천에 옮겼기 때문입니다.
매일의 샐러드 도시락으로 2kg 감량
10분 일기가 모여 30페이지 원고가 됨
자격증 강의 3개 수강 완료

하지만 가장 큰 변화는 그의 마음가짐이었습니다. 더 이상 완벽한 시작을 기다리지 않게 된 것입니다. 대신 "지금 할 수 있는 가장 작은 것은 무엇일까?"를 묻는 습관이 생겼습니다.
"마라톤도 한 걸음부터 시작하는 거예요."
후배들과의 대화에서 그가 말했습니다.

"완벽한 계획보다 불완전한 시작이 더 가치 있어요."

실패할 때도 있었습니다. 하루 이틀 습관이 깨질 때도 있었죠. 하지만 이제 그는 알았습니다. 중요한 것은 다시 시작하는 것, 그리고 그 시작은 항상 작은 것에서부터라는 것을.

3개월이 지난 어느 날, 정욱은 자신의 다이어리를 다시 펼쳐보았습니다. 이제 그 페이지들은 작은 체크마크들로 가득했습니다. 하나하나는 사소해 보였지만, 모이고 모여 변화라는 그림을 그리고 있었습니다.

오늘도 그는 묻습니다.
"지금 이 순간, 내가 할 수 있는 가장 작은 한 걸음은 무엇일까?"
그리고 그 답을 찾는 순간, 바로 실행합니다.

> "자신을 현재에만 한정하라."
>
> ―명상록 7장 29절

체크리스트

◇ 머릿속에만 있는 계획들이 있는가? 그중 지난 한 주간 실제로 손댄 것이 있는지 점검해보자. 모두 "시간 날 때 하자"로 미뤄둔 건 아닌지.

◇ 너무 스케일 크게 그리다 포기한 적은 없는가? 예를 들어 운동 한 번도 안 하던 사람이 첫 주부터 매일 2시간 운동 계획 세웠다가 실패한 경험 등. 그런 경우 어떻게 더 작게 시작할 수 있었을지 생각해보자.

◇ 오늘이 끝나기 전 꼭 하고 싶은 아주 작은 일은 무엇인가?(예: 서랍 하나 정리, 고마운 사람에게 안부 문자 등) 리스트가 길다면 하나만 추려 꼭 실행해보자.

하루 실천법

1분 실천을 당장 해보세요. 이 글을 다 읽은 지금, 눈을 들어 주변을 둘러보고 1분 만에 할 수 있는 유익한 일을 하나 합니다. 책상을 정리하거나, 물 한 컵 마시거나, 스트레칭을 하거나, 방에 불필요한 물건을 버리거나 뭐든 좋습니다. 그 1분 행동으로 "즉시 실행"의 근육을 맛본 후, 내일은 5분, 10분으로 조금씩 늘려가봅니다.

성찰 질문

- 나는 혹시 "나중에 더 완벽한 때에 해야지"라는 생각으로 오늘 할 수 있는 일을 미루고 있진 않은가?
- 완벽한 때는 결코 오지 않을지 모른다. 그렇다면 차라리 지금 불완전하게라도 시작하는 게 낫지 않을까? 내일의 나에게 맡기기 전에, 지금 내가 할 수 있는 가장 작은 한 걸음은 무엇일지 자문해보자.

현재를 살아가다
지금 이 순간을 살아라

48

"네가 하는 모든 일을 마치 그것이 생애 마지막 행위인 양 수행하라."

—명상록 2장 5절

대기업 임원인 기현은 항상 미래 계획에 몰두하느라 정작 현재를 즐기지 못했습니다. 휴가를 가서도 다음 프로젝트 생각에 머리가 꽉 차 있었고, 자녀들과 놀면서도 내일 회의 준비 때문에 마음이 들떠 있곤 했죠. 출장이 잦아지면서 아이들 성장 과정을 놓치는 것이 안타깝기도 했습니다. 그때마다 그는 '나중에 더 잘해주면 되지'라는 생각으로 위안을 삼았습니다.

그러던 어느 날, 큰딸의 초등학교 졸업식에 참석했을 때였습니다. 축하 꽃다발을 들고 사진을 찍는 동안에도 그의 머릿속은 오후에 있을 중요한 미팅 생각으로 가득했습니다. 그때 딸이 한마디를 던졌습니다.

"아빠, 여기 있으면서 왜 딴생각해?"

짧은 딸의 한마디였지만 그 순간 기현은 '내가 지금 여기 있지 않구나'를 자각했습니다. 미래를 대비하는 것도 좋지만, 지금 이 순간은 두 번 다시 오지 않는다는 사실을 잊고 있었던 겁니다. 딸의 졸업식도, 아내의 생일도, 아들의 첫 자전거 타기도…. 모든 순간들이 '나중에'라는 이름으로 미뤄지고 있었습니다.

그는 그날 이후 의식적으로 현재에 집중하려 노력했습니다. 업무 시간엔 일에 몰두하되, 퇴근 후엔 일 생각을 내려놓고 가족과 대화와 놀이에 완전히 빠져들었습니다. 주말에는 스마트폰을 끄고 자연을 느끼며 산책도 하고, 한 모금의 커피 맛도 음미했습니다. 식사 시간에는 음식의 맛과 향에 집중했고, 출퇴근길에는 바람의 움직임과 계절의 변화를 관찰했습니다.

그러자 놀랍게도 과거보다 시간의 밀도가 높아진 느낌이 들었습니다. 하루하루가 그냥 흘러가는 게 아니라 꽉 찬 경험으로 남기 시작했습니다. 특히 아이들과 보내는 시간이 달라졌습니다. 같은 1시간이라도, 온전히 집중하며 보내는 시간은 무의미하게 흘려보내는 수 시간보다 더 값진 기억이 되었습니다.

"우리 각자는 오직 지금 이 잠깐의 순간만을 살고 있다.
나머지 시간은 이미 살아버렸거나, 도무지 알 수

없는 것들이다."

―명상록 3장 10절

라틴어 카르페 디엠(Carpe Diem), 즉 "현재를 잡아라(오늘을 즐겨라)"라는 격언은 수천 년간 내려온 지혜입니다. 마르쿠스 아우렐리우스도 "너에게 주어진 지금 이 순간을 사랑하라"고 했습니다. 과거는 돌이킬 수 없고, 미래는 통제할 수 없습니다. 우리가 가진 시간은 언제나 현재뿐이지요. 현대 심리학 연구에서도 현재에 집중하는 마음챙김(mindfulness)이 스트레스 감소와 삶의 만족도 향상에 큰 도움이 된다고 합니다.

그럼 현재에 온전히 존재하는 삶을 위해 어떻게 살아가야 할까요?

첫째, One day at a time: 하루를 한 단위로 생각하세요. "나는 오늘을 산다." 과거의 실수나 영광은 흘러갔고, 미래의 걱정은 내일의 내가 감당할 몫입니다. 오늘 해야 할 일과 느낄 것을 최대한 누리면 됩니다. 특히 아침에 일어날 때 "오늘 하루만 잘 살자"라고 다짐하는 것만으로도 큰 변화가 시작됩니다.

둘째, 감각 깨우기: 지금 경험하는 것을 감각으로 느껴보세요. 식사할 때 음식의 맛과 향에 집중하고, 걷는 중엔 발바닥에 닿는 땅의 감촉과 바람 소리를 느낍니다. 샤워할 때는 물방울이 피부에 닿는 감각에, 차를 마실 때는 차의 향과 온기에 집중합니다. 이렇게 하면 생각으로 다른 데 가 있지 않고 현재에 뿌리내릴 수 있습니다.

셋째, 멀티태스킹 자제: 동시에 여러 일을 하려고 하면 현재 순간이 분산됩니다. 운전하면서 통화하고, 식사하면서 이메일 확인하고, TV 보면서 일하는 것은 각 경험의 질을 떨어뜨립니다. 한 번에 한 가지씩 하는 습관을 들여보세요. 일을 할 땐 일만, 쉴 땐 쉬는 것만, 아이와 놀 땐 그 놀이에만 집중합니다. 그게 효율도 높이고 만족도도 높습니다.

넷째, 감사하기: 현재에 충실하려면 지금 가진 것을 인식하는 게 중요합니다. 아침에 눈 떴을 때 오늘 하루를 선물로 여기고 감사하며 시작하세요. 건강한 몸, 가족과의 관계, 일할 수 있는 기회 등 당연하게 여기던 것들의 소중함을 깨닫다 보면 마음이 현재의 축복들에 머물게 됩니다.

다섯째, 시간 여유 두기: 일정을 빡빡하게 채우기보다 틈과 여유를 주세요. 약속 시간 전에 10분 일찍 도착해서 잠시 휴식을 취하거나, 업무 중간에 5분씩 명상하는 시간을 가져보세요. 그래야 현재 순간의 흐름을 따라갈 수 있습니다. 너무 분 단위로 움직이면 다음 일 생각에 쫓겨 지금을 놓치게 되니까요.

여섯째, 죽음 명상: 역설적이지만, 언젠가 죽는다는 걸 기억하면 (메멘토 모리) 현재가 얼마나 소중한지 깨닫게 됩니다. 지금 이 순간 살아 있음 자체가 기적이고 기쁨이라는 인식이 들면, 자연히 현재를 붙들게 되지요. 마치 오늘이 마지막 날인 것처럼 살아보는 것, 그것이 역설적으로 가장 충만한 삶을 가져다줍니다.

삶은 현재의 연속입니다. 현재를 충실히 사는 것이 곧 후회 없는 과거를 만들고 희망찬 미래를 여는 가장 확실한 방법입니다. 기현이 그랬듯이, 우리도 하나씩 실천해보면 어떨까요? 지금 이 순간부터 시작하는 것입니다.

> "인격의 완성은 이것이다.
> 매일을 마치 그것이 마지막 날인 것처럼 살되,
> 분노함도 게으름도 위선도 없이 살아가는 것이다."
>
> —명상록 7장 69절

체크리스트

◇ 오늘 하루 중 현재에 깊이 몰입했던 순간이 있었는가?(업무 집중이든, 좋은 대화든, 운동이든)

◇ 반대로 멍하니 다른 생각 하느라 지금 하는 일을 제대로 못 느낀 시간은 얼마나 되었는가?

◇ 혹시 '그때가 좋았지', '나중에 뭘 하면 행복할 텐데'라는 생각에 현재의 행복을 놓치고 있진 않은가?

◇ 스마트폰, 걱정거리 등이 현재 몰입을 방해한다면, 하루 중 일정 시간은 그것들을 차단할 수 있겠는가?

◇ 가족이나 친구와 대화할 때 온전히 집중하는가, 아니면 다른 생각을 하는가?

하루 실천법

5분 현재 몰입 연습을 해보세요. 편안히 앉아 5분간 주변 사물을 관찰하고 소리를 들으며, 지금 이 순간 느껴지는 감각을 하나씩 음미합니다. 숨소리, 심장 박동, 피부에 닿는 공기, 발바닥이 바닥에 닿는 감각 등을 느껴보세요. 생각이 딴 데로 새면 다시 지금으로 가져오세요. 5분 동안 '나는 살아 있다'는 감각 자체에 집중해봅니다.

성찰 질문

- 내 인생이 순간들의 모음이라면, 나는 그 순간들을 충분히 맛보고 있는가?
- 아니면 항상 지나가버린 후에야 '아, 그때가 좋았는데' 하고 아쉬워하거나 '나중에 뭘 하면 행복할 거야' 하며 오늘을 희생하는가?
- 오늘이 내 남은 인생 중 제일 젊은 날이라는 말처럼, 지금 이 순간을 놓치지 않고 산다면 내 삶은 얼마나 더 충만해질까?
- 10년 후의 나는 지금 이 순간을 어떻게 기억하게 될까?

에필로그

"답은 당신 안에 있습니다"

당신은 50대를 살아가는 48명을 만났고 그들 사연을 살펴보았습니다. 그들은 당신과 같은 시대를 살아가는 우리 이웃이었고, 동료였으며, 때로는 당신 자신이었을 것입니다. 그들의 고민과 도전, 실패와 성장 이야기는 단순한 사례 연구가 아닌, 우리 모두의 이야기입니다.

치열한 경쟁 속에서 완벽을 추구하며 자신의 자리를 지키려 애쓰던 정민, 가족과의 시간을 되찾으려 노력한 기현, 늦은 나이에 새로운 도전을 시작한 진숙, 급작스러운 고난 경험, 관계의 어려움을 극복해낸 사랑. 그들은 각자의 자리에서 실패하고, 좌절하고, 다시 일어섰습니다. 그리고 그 과정에서 2000년 전 한 현자의 지혜를 통해 자신만의 답을 찾아갔습니다. 그들의 여정은 결코 순탄하지 않았지만, 한 걸음 한 걸음 나아가는 동안 자신만의 의미를 발견했습니다.

마르쿠스 아우렐리우스가 들려준 메시지는 의외로 단순했습니다. 지금 이 순간에 충실하라. 통제할 수 없는 것에 매달리지 말라. 내면의 평정을 지키며 한 걸음씩 나아가라. 그리고 무엇보다, 당신의 삶을 스스로 선택하라. 시대는 달라졌지만, 인간의 근본적인 고민과 삶의 진리는 변함없었습니다.

우리는 종종 '나이 들어 달라질 수 있을까'라는 의심에 사로잡힙니다. 하지만 이 책에서 만난 48명의 이야기는 변화가 언제나 가능하다는 것을 보여주었습니다. 새로운 시작에는 나이가 없었고, 두 번째, 세 번째 기회는 항상 존재했습니다. 중요한 것은 첫걸음을 내딛는 용기였습니다.

체크리스트를 채우고, 하루 실천법을 따르고, 성찰 질문과 마주하면서 당신은 이미 변화의 첫발을 내딛었을 것입니다. 어쩌면 그동안 미뤄왔던 결정을 내렸을 수도 있고, 새로운 도전을 시작했을 수도 있으며, 일상의 작은 습관들을 바꾸기 시작했을 수도 있습니다. 그 모든 선택과 변화는 당신만의 속도로, 당신만의 방식으로 이루어졌을 것입니다.

완벽한 변화란 없습니다. 때로는 뒤로 미끄러지기도 하고, 제자리걸음을 하기도 할 것입니다. 하지만 중요한 것은 방향입니다. 당신이 진정으로 원하는 삶을 향해 한 걸음씩 나아가고 있다면, 그것으로 충분합니다. 실수와 실패는 여정의 일부일 뿐, 그것이 당신의 전부는 아니니까요.

　이제 당신은 알고 있습니다. 오십이라는 나이가 끝이 아닌 시작이라는 것을. 오히려 지금이야말로 진정한 자신을 찾아갈 수 있는 가장 좋은 시기라는 것을. 충분한 경험과 지혜를 갖춘 당신은, 이제 진정한 자신만의 길을 걸어갈 준비가 되었습니다. 삶의 질문들에 대한 답을 찾아가는 여정에서, 이 책이 작은 도움이 되었기를 바랍니다.

　우리는 때로 길을 잃을 수도 있고, 잠시 쉬어갈 수도 있습니다. 하지만 그 모든 순간이 우리를 성장시키고, 더 나은 내일로 이끄는 과정임을 기억하세요. 당신의 여정은 여전히 현재진행형입니다. 아직 쓰이지 않은 많은 페이지가 당신을 기다리고 있습니다.

　마지막으로 다시 한번 묻습니다.
　"지금, 당신은 어디로 향하고 있나요?"

　이제 그 답은 당신 안에 있습니다. 새로운 시작을 응원합니다. 당신의 남은 여정에 빛나는 깨달음과 따뜻한 위로가 함께하기를, 그리고 무엇보다 자신을 믿는 용기가 늘 함께하기를 진심으로 기원합니다.